영어 회화의 결정적 단어들

영어 회화의 결정적 단어들

지은이 서영조
초판 1쇄 발행 2020년 3월 6일
초판 17쇄 발행 2024년 10월 10일

발행인 박효상   **편집장** 김현   **기획 · 편집** 장경희, 이한경   **디자인** 임정현
본문 · 표지디자인 고희선   **편집 진행** 오수민
마케팅 이태호, 이전희   **관리** 김태옥

종이 월드페이퍼   **인쇄 · 제본** 예림인쇄 · 바인딩

출판등록 제10-1835호   **발행처** 사람in   **주소** 04034 서울시 마포구 양화로 11길 14-10 (서교동) 3F
전화 02) 338-3555(代)   **팩스** 02) 338-3545   **E-mail** saramin@netsgo.com
Website www.saramin.com

책값은 뒤표지에 있습니다.
파본은 바꾸어 드립니다.

ISBN
978-89-6049-831-0 14740
978-89-6049-783-2 세트

우아한 지적만보, 기민한 실사구시 사람in

회화의
결정적
시리즈

영어 회화의
결 정 적
단 어 들

서영조 저

JAR   KETTLE

PEELER

WHISK

SPATULA

APRON

microwave

KITCHEN
SCALES

COLANDER

POUR TWO CUPS OF WATER INTO IT.

STOOL

trash
can

BEYOND **ENGLISH WORDS**

사람in

'나는 저녁을 먹고 나면 SNS를 확인해.'라는 말은 영어로 어떻게 표현할까요? 아니면 '오늘 오랜만에 청소기 돌렸네.'라는 말은요? 어려운 단어는 하나도 없어 보이고 일상에서 자주 쓰는 말인데도 정작 영어로 표현하려니 적절한 단어나 어구가 떠오르지 않을지도 모릅니다.

〈영어 회화의 결정적 단어들〉은 바로 그런 분들을 위한 책입니다.

회화의 기본이 단어?

흔히 단어가 회화의 기본이라고 합니다. 단어가 모여서 문장이 되고, 단어가 있어야 의미를 전달할 수 있기 때문입니다. 예컨대, '내 눈은 외까풀이야.'라는 말을 영어로 하려면 '외까풀'에 해당하는 영어 단어를 알아야 합니다. '현금으로 낼게요.'라는 말을 영어로 하려면 '현금'이라는 영어 단어를 알아야 하는 건 당연하고요. 이처럼 원하는 뜻을 전달하려면 그 뜻에 해당하는 단어를 알아야 합니다.

일상에서 흔히 쓰는 단어들을 알아야 한다

그렇다면, 어떤 단어를 얼마나 알아야 할까요? 옥스퍼드 영어사전에는 30만 개가 넘는 단어가 수록되어 있다고 합니다. 그 많은 단어들을 우리가 다 알 수도 없고, 알 필요도 없습니다. 영어가 모국어가 아닌 우리는, 영어 통역사가 아닌 우리는, 자신에게 필요한 정도의 단어들만 알면 됩니다. 일상 회화를 위해서 metaphysical(형이상학적인)이나 subconscious(잠재의식적인) 같은 단어까지 알아야 할 필요는 없겠지요. 자신의 일상, 관심사, 주변에서 일어나는 일들을 묘사하기 위해 필요한 단어들만 알고 있어도 충분합니다.

낱개의 단어보다는 어구를 알아야 한다

하지만 필요한 단어들을 많이 안다고 회화를 자연히 잘하게 되는 건 아닙니다. 우리는 낱개의 단어로 말하는 게 아니라 단어들을 연결해서 어구를 만들고 문장을 만들어서 말하기 때문입니다. 예를 들어, '지하철을 타.'라고 말하려면 지하철, 즉 subway라는 단어만 알아서는 안 되겠죠. '지하철을 타다'라는 표현을 할 수 있어야 합니다. 즉, take the subway 라는 어구를 알아야 합니다. '그 은행 앱을 깔았어.'라고 말하려면 app만 알아서는 안 됩니다. '앱을 깔다'라는 표현인 install an app이라는 어구를 알아야 합니다.

이런 점 때문에 이 책에서는 단순히 단어가 아니라 단어를 포함한 의미 덩어리인 어구들을 소개합니다. 그래서 회화에서 바로 바로 활용할 수 있도록 했습니다.

시대에 맞는 단어와 어구를 알아야 한다

지금 우리가 살고 있는 시대에는 집 전화보다는 스마트폰이 보편화되었고, 오프라인 쇼핑만큼 온라인 쇼핑과 해외 직구가 일상이 되었습니다. 그런 시대 변화에 맞추어 이 책에서는 최신 영어 단어와 어구들을 소개합니다. 하루 일과와 의식주, 일, 건강관리는 물론이고, 인터넷 쇼핑과 해외 직구, 스마트폰과 SNS 사용, 성 평등과 복지 등 각종 사회 문제, 환경 문제에 이르기까지 21세기를 사는 우리가 일상에서 흔히 나누는 대화의 주제들을 망라하여 각 주제에서 특히 많이 사용하는 표현들을 수록했습니다.

이 책 한 권을 공부했다고 원어민처럼 말하게 되지는 않겠지요. 하지만 이 책의 내용을 내 것으로 만들고 나면 언제 어디서 외국인을 만나도 겁나지 않을 겁니다. 즐겁고 풍성한 대화를 나눌 수 있을 거예요.

여러분의 영어 생활을 응원합니다.

봄을 기다리며
서영조

단어만 제대로 말해도 의사소통이 된다!

A와 B 두 사람이 있습니다. 둘 다 영어, 특히 회화를 잘하고 싶은 마음이 굴뚝같죠. 그래서 영어의 기본인 단어 공부를 열심히 합니다. 어떤 식으로 했는지 알아볼까요?

A 저는 회화의 기본은 단어라고 생각해서 회화에 쓰일 만한 단어를 주로 공부했습니다. 학문적이고 철학적인 단어들보다는 일상에서 자주 쓰는 단어들 위주로요. 그리고 단순히 단어만 외우진 않았습니다. 단어가 쓰인 회화 문장을 통째로 암송했어요. 그 결과, 외국인과 얘기할 기회가 생겼을 때 적절한 단어와 자연스런 문장으로 얘기할 수 있었고, 그러니 의사소통이 예전보다 쉬워졌습니다. 이제 영어 회화에 조금씩 자신감이 붙고 있습니다.

B 저는 학창 시절부터 해 오던 습관대로 단어를 공부했어요. 하루에 단어를 30개씩 외우는 것이지요. 영어 단어와 우리말 뜻을 1대1 대응으로요. 이론적으로는 그렇게 하면 1년에 단어를 1만 개쯤 외우게 되지만, 실상은 하룻밤 자고 나면 많아야 5개 정도만 기억에 남았어요. 그리고 힘들게 외우는 거니까 이왕이면 어려운 단어들 위주로 공부했습니다. 그런데 그런 단어들은 정작 외국인들을 만나서 얘기할 때는 거의 쓸 일이 없었죠. 그러니 힘은 힘대로 들면서 회화 실력은 하나도 나아지지 않는 상황이 되었지요.

여러분은 어떻습니까? 회화를 잘하고 싶다고, 그래서 단어를 많이 알아야 한다고 생각하면서도 회화에서 절대 쓸 일 없는 단어들만 계속 공부하고 있지는 않나요? 회화를 잘한다는 건, 자신의 생각과 주변 상황을 잘 전달하는 것이고, 자신의 생각과 주변 상황을 잘 전달하려면 주변에 보이는 것들부터 영어로 표현할 수 있어야 합니다. 중요한 건 이런 주변에 보이는 것들을 영어 단어로 표현하는 것인데, 현재 여러분의 단어 학습은 시험을 대비한 영어 공부 방식에서 벗어나지 못하고 있습니다.

정말로 영어 회화를 잘하고 싶다면 단어 공부부터 다시 해 보세요. 원어민과 만나서 대화할 때 데리다와 들뢰즈의 철학적 관점을 논하는 일이 많을까요, 여러분의 관심사나 일상에서 일어나는 일들에 대해 얘기하는 일이 많을까요? 당연히 후자겠지요. 그렇다면 여기에 맞춰 단어 학습도 바뀌어야 합니다. 그리고 단어 공부의 이점은 급할 때는 문장으로 말하지 않고 적절한 단어나 어구만 말해도 의사소통이 될 수 있다는 사실입니다. 단어 공부를 제대로 해 봐야겠다는 생각이 들지요? 그렇다면, 많고 많은 단어책 중에서 왜 〈영어 회화의 결정적 단어들〉로 공부해야 할까요?

〈영어 회화의 결정적 단어들〉로 공부해야 하는 결정적 이유!

1 이토록 다양한 주제의 단어라니!
앞에서 말한 것처럼 외국인을 만나도 주로 우리의 '일상과 관심사'에 대해 이야기하지만, 일상과 관심사라는 것은 사실 그 범위가 무척 넓습니다. 그래서 외국인과 대화할 때 거론할 수 있는 주제를 크게 16가지로 나누고, 그 대주제 16개를 다시 각각 많게는 11개, 적게는 2개, 평균 5개 정도의 소주제로 나누어 반드시 알아야 할 단어와 어구 위주로 소개했습니다. 그리고 요즘의 생활상과 사회상에 맞는 최신 어휘도 빼놓지 않고 소개했습니다.

2 이토록 쓸모 있는 어구라니!
단어 공부법 중 안 좋은 것이 '단어-우리말 뜻' 이렇게만 외우는 것입니다. 물론 그렇게 단순하게 외워도 되는 단어들도 있긴 하지요. 하지만 이 책에서는 낱개의 단어들만 소개하지 않고 단어가 쓰인 의미 덩어리인 어구(phrase)를 다양하게 소개합니다. 낱개의 단어들만 가지고 말을 할 수는 없기 때문입니다. 예컨대 "코 좀 풀어"라고 말하려면 '코(nose)'만 알아서는 안 됩니다. '코를 풀다(blow one's nose)'라는 어구를 알아야 합니다. "엎드려!"라고 말하려면 '엎드리다'라는 표현, 즉 lie on one's stomach라는 어구를 알아야 합니다. 이 책에서는 회화에 바로 활용할 수 있도록 낱개의 단어보다는 그런 어구들을 다양하게 소개합니다.

3 이토록 기막힌 이미지라니!
인간의 뇌는 텍스트만 받아들일 때보다 텍스트와 이미지를 함께 받아들일 때 기억 저장 효과가 더 크다고 합니다. 이런 사실을 활용하여 단어와 어구를 최대한 효과적으로 기억할 수 있도록 이미지를 함께 수록했습니다. 이미지와 함께 단어의 의미가 더 쉽게 다가오고 머릿속에 더 선명하게 남을 것입니다. 또한 그림을 보는 재미가 있어서 학습이 지루하지 않을 것입니다. .

4 이토록 적절한 회화 문장이라니!
구슬이 서 말이라도 꿰어야 보배인 것처럼, 단어와 어구도 문장으로 엮여야 비로소 그 역할이 완성됩니다. 이 책에는 '어! 이런 말은 이렇게 하는 거구나.' '이럴 때는 이런 표현을 쓰면 되겠네.' '아, 내 경우에는 이렇게 말하면 되겠구나.' 하는 생각이 드는 구어체 예문들이 가득합니다.

그럼 이렇게 멋진 구성의 책을 어떻게 활용하면 효과 만점일까요?

CASE 1

'책은 모름지기 처음부터 봐야지!' 하는 분들께!

책을 사면 무조건 처음부터 순서대로 공부하는 분들 계시죠? 그렇지 않으면 뭔가 놓칠 것 같고 마음이 안정되지 않는 분들이요. 그런 태도가 절대 틀리거나 나쁜 것이 아닙니다. 이 책은 자신의 이야기에서 시작해서 자기 주변, 나아가 사회와 국가까지 주제가 점점 넓게 퍼져나가는 구성이어서 처음부터 차근차근 공부하시는 분들에게는 무척 알맞은 구성이라 할 수 있습니다.

책을 펼치면 왼쪽, 오른쪽 상단에 해당 주제와 관련해 원어민들이 많이 쓰는 단어와 어구가 이미지와 함께 나옵니다. 이때 눈이 영어 쪽으로 먼저 간다고 해도 의식적으로 한글을 먼저 보고 영어 단어가 뭘지 생각해 보세요. 그렇게 생각한 영어 단어가 맞는지 확인해 보는 과정이 단어 학습에서는 중요합니다. 이렇게 단어와 어구를 봤다면 QR 코드를 찍어 단어를 어떻게 발음하는지 확인해 보세요. 아는

2

그런 다음 왼쪽이나 오른쪽 하단에 있는 SENTENCES TO USE를 공부하세요. 여기서도 역시 한글 먼저 보고 영어로 어떻게 표현할지 생각한 다음 문장을 확인해 보세요. 간단한 문장인데 막상 영어로 말하려니 막히는 경우가 적지 않다는 걸 깨닫게 될 겁니다. 이 책에 실린 문장들은 굉장히 구어적이고 활용도가 높은 것들이니, 독자 여러분 각자의 경우에 맞게 응용해 보시는 것도 좋습니다. 역시 QR 코드를 찍어 원어민의 발음을 들어 보세요. 듣기만 하는 것은 NO! 원어민이 문장을 말하고 나면 바로 따라서 말해 보세요. 몇 번씩 따라서 말하면 더욱 좋고, 가능하다면 통째로 외워 두는 것도 좋습니다.

표기 사항 설명
[ ]는 바로 앞에 놓인 단어를 대체해서 들어갈 수 있다
e.g. send[transfer] money (송금하다)는 send money, transfer money 두 가지 표현이 가능합니다.
( )는 해당 단어를 포함해서 읽을 수도 있다
e.g. all day (long) (하루 종일)은 all day라고도, all day long이라고도 말할 수 있다는 뜻입니다.
참고로 ICU(intensive care unit)처럼 약어 뒤에 오는 괄호는 전체 단어를 설명합니다.

CASE 2

'왜 꼭 책을 처음부터 읽어야 하지?' 개성 강한 분들께!

책을 꼭 처음부터 읽어야 한다는 법이 있나요? 앞의 내용을 읽어야 뒤의 내용을 이해할 수 있는 책이 아니
라면 아무 곳이나 읽고 싶은 부분부터 읽어도 됩니다. 특히 이런 단어책의 경우는 더욱 그렇습니다. 관심이
가고 재미있어 보이는 부분부터 시작해도 괜찮아요. 하지만 이 경우에도 옆 페이지에서 제시한 학습법은
지켜 주세요.

단어라도 발음을 잘못하면 원어민들이 알아듣지 못
하니, 정확한 발음을 연습하는 것도 중요합니다.

1

3

오른쪽 하단에서는(가끔은 왼쪽 하단에서) 우리말로는 의
미가 비슷하지만 뉘앙스가 다른 단어들을 비교해서 설명
하거나, 한국인들이 잘못 쓰고 있는 표현을 바로잡아 주
거나, 위에 나온 단어에서 파생된 표현들을 소개합니다.
우리말도 '아' 다르고 '어' 다른 것처럼 영어도 그렇습니
다. 원어민처럼 완벽하게 파악하기는 어렵겠지만 의도치
않은 오해는 불러일으키지 않도록 반드시 알고 있어야
할 사항들을 정리했습니다.

/는 뒤에 오는 공통 단어에 붙여 읽는다
e.g. the first/second/third/only child는 the first child(첫째), the second child(둘째), the third
child(셋째), the only child(외동)를 나타냅니다.

참고로 /는 어구를 구분하는 역할도 합니다. e.g. lightning 번개/thunder 천둥

CHAPTER 1 꼭 알아야 할 표현들 Words & Phrases You Must Know

CHAPTER 2 사람 Human

CHAPTER 3 의복 Clothing

CHAPTER 8 여가, 취미 Leisure & Hobbies

CHAPTER 9 일과 경제 Jobs & Economy

CHAPTER 10 쇼핑 Shopping

CHAPTER 11 국가 Nation

CHAPTER

1

꼭 알아야 할 표현들

Words & Phrases
You Must Know

나를 소개하는 표현들

was born in
~에[에서] 태어났다

age
나이

**birthdate,
date of birth**
생년월일

birthday
생일

**Chinese zodiac
sign** 띠
the Year of the Rat/
Ox/Tiger/Rabbit/
Dragon/Snake/Horse/
Sheep/Monkey/
Rooster[Chicken]/
Dog/Pig

쥐띠/소띠/범띠/토끼띠/용띠/
뱀띠/말띠/양띠/원숭이띠/닭띠/
개띠/돼지띠

**family
members**
가족 구성원

**family
background**
가족 관계

**the first
/second
/third
/only child**
(형제 중) 첫째/둘째
/셋째/외동

zodiac sign 탄생 별자리
Capricorn/Aquarius/
Pisces/Aries/Taurus/
Gemini/Cancer/Leo/
Virgo/Libra/Scorpio/
Sagittarius

염소자리/물병자리/물고기자리/
양자리/황소자리/쌍둥이자리/게
자리/사자자리/처녀자리/천칭자
리/전갈자리/사수자리

SENTENCES TO USE

저는 1987년에 전주에서 태어났어요.	I was born in 1987 in the city of Jeonju.
저는 개띠예요.	I was born in the year of the dog.
저는 3남매 중 둘째예요.	I am the second (child) of three children.
저는 작은 생명공학 업체에서 일해요.	I work for a small biotech company.
제 혈액형은 RH⁺ O형이에요.	My blood type is RH⁺ O.
저는 결혼 안 했어요.	I am single.

nationality
국적

hometown
고향

gender
성별

male
남성

female
여성

job, occupation
직업

do for a living
직업이 ~다

work for[at, in]
~에서 일하다

work as
~로 일하다

blood type
혈액형

height
키

weight
몸무게

marital status
혼인 여부

married
기혼인

single
독신인

국적 나타내기

국적은 Korean, Chinese, French, Indian 등 형용사형으로 표현합니다.
My nationality is Korean. (= I am Korean.) 국적은 한국입니다. (= 한국인이에요.)

직업 묻고 답하기

직업이 뭐냐고 묻는 일반적인 표현은 What do you do for a living?입니다. 이런 질문을
받으면 I am ~, I work for[at, in] ~, I work as ~라고 답하면 됩니다.

종교 나타내기

'종교가 ~입니다'라고 말할 때는 보통 I am a Catholic.처럼 그 종교의 신자를 나타내는
명사로 말하는데, I am Catholic.처럼 종교를 나타내는 형용사로 말할 수도 있습니다.
그 두 가지는 형태가 같습니다.

Christian 기독교도(의)   **Catholic** 천주교도(의)   **Protestant** 개신교도(의)
Buddhist 불교도(의)   **Won Buddhist** 원불교도(의)   **Muslim** 이슬람교도(의)

17

시간을 나타내는 표현들

하루 중 어느 때

in the morning/afternoon/evening 아침/오후/저녁에
at dawn 새벽에 **at sunrise** 동틀 녘에
at sunset 해 질 녘에 **at night** 밤에
at noon[midday] 정오[한낮]에
at midnight 자정[밤 12시]에
all day (long) 하루 종일

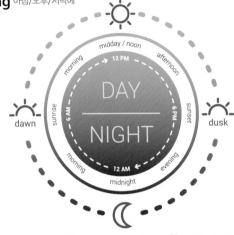

빈도를 나타내는 표현들

always 항상 – **usually** 보통, 대개 – **often** 자주 – **sometimes, occasionally** 가끔, 때때로
– **seldom, rarely** 거의 ~하지 않는 – **never** 전혀 ~하지 않는
* **regularly** 규칙적으로, 정기적으로

early 이른, 일찍 **late** 늦은, 늦게

SENTENCES TO USE

민수는 매일 저녁 조깅을 해.	Minsu jogs in the evening every day.
넌 하루 종일 대체 뭘 하고 있는 거니?	What the hell are you doing all day (long)?
우리는 자주 시골로 드라이브를 가.	We often go driving to the countryside.
요즘 K-POP이 세계적으로 인기가 많아요.	K-POP is popular all over the world these days.
나 지금 너무 바빠서 너랑 얘기 못 해.	I am too busy at the moment to talk with you.
언젠가 그 남자를 본 기억이 나.	I remember seeing him one day.

과거	현재	미래
once upon a time 옛날에	**recently, lately** 최근에	**someday** 미래의 언젠가/어느 날(에)
a long time ago 오래전에	**these days, nowadays** 요즘	**in the future** 미래에
in the past 과거에	**this year** 올해에	**next year** 내년에
last year 작년에	**this month** 이번 달에	**next month** 다음 달에
last month 지난달에	**this week** 이번 주에	**next week** 다음 주에
last week 지난주에	**at the moment** 지금	**in an hour** 한 시간 뒤에
an hour ago 한 시간 전에	**right now** 지금 (당장)	

* **one day** 미래나 과거의 언젠가/어느 날
* **sometime** (과거나 미래의) 언젠가

late vs. lately
late는 '늦은'이라는 형용사로도 쓰이고 '늦게'라는 부사로도 쓰입니다. '늦게'를 lately라고 착각
할 수 있는데, lately는 '최근에'라는 전혀 다른 뜻의 단어입니다.

sometime vs. sometimes
흔히 쓰는 sometimes는 '가끔, 때때로'라는 뜻이고, -s를 뺀 sometime은 '언젠가'라는 뜻이에
요. Let's go skiing sometime. (언제 스키 타러 가자.)

once upon a time
once upon a time은 '옛날에, 옛날 옛적에'라는 뜻으로, 옛날이야기나 오래된 이야기를 시작할
때 씁니다.

19

three days ago	the day before yesterday	yesterday	today	tomorrow	the day after tomorrow
3일 전에	그저께	어제	오늘	내일	모레

for the first time		for the last time
처음으로		마지막으로
at the beginning of	in the middle of ~	at the end of
~가 시작될 때	~ 도중에, ~하는 중에	~가 끝날 때

SENTENCES TO USE

너 그저께 지민이 만났잖아?	You met Jimin the day before yesterday, didn't you?
내 평생 처음으로 롤러코스터 타 봤어.	I've been on a roller coaster for the first time in my life.
어젯밤에 한밤중에 깼지 뭐야.	I woke up in the middle of the night last night.
그들은 매주 급여를 받아.	They are paid weekly.
30년 전쯤에 나는 이 동네에 살았어.	I lived in this neighborhood about three decades ago.
추석은 음력 8월 15일이야.	Chuseok is August 15th by the lunar calendar.

hourly 한 시간마다(의)
weekly 매주의, 매주, 주 단위로
yearly 해마다 있는[하는], 매년
biweekly 격주의, 격주로

daily 매일 일어나는, 나날의, 매일
monthly 매월(의)
annually 일 년에 한 번
bimonthly 격월의, 격월로

decade 10년
millennium 천 년
solar calendar 양력
leap year 윤년

century 세기, 100년
lunar calendar 음력
leap month 윤달

every를 사용하는 표현들

every ~ ~마다
every other[second] day/week/month 이틀/2주/두 달마다
every two days/weeks/months 이틀/2주/두 달마다

한 번, 두 번, 세 번 ~

once/twice/three times a day 하루에 한 번/두 번/세 번
once/twice/three times a week 일주일에 한 번/두 번/세 번
once/twice/three times a month 한 달에 한 번/두 번/세 번

yearly vs. annually

yearly는 형용사와 부사로 모두 쓰이고, annually는 부사로만 쓰입니다.

This is a yearly event. (형용사) 이건 연례행사야.
They hold the event yearly. (부사) 그들은 그 행사를 해마다 열어.
The event is held annually. (부사) 그 행사는 해마다 열려.

21

위치, 방향을 나타내는 표현들

위치

beside ~ 옆에
next to ~ 바로 옆에
by ~ 옆에, 가에

behind
~ 뒤에

in front of
~ 앞에

beneath
~ 바로 밑에

under, below
~ 아래에

on
~ 위에, ~에

over, above
~ 위에

on the right/left
오른쪽/왼쪽에

on the right/left of
~의 오른쪽/왼쪽에

on the opposite side of
~ 맞은편[반대편]에

between A and B
A와 B 사이에

in the middle of
~ 가운데에

among
~ 사이에

inside
~ 안에

outside
~ 밖에

on the corner
모퉁이에

SENTENCES TO USE

그 사람들 별장은 강가에 있어.	Their villa sits by the river.
사람들이 그 가게 앞에 모여 있어.	People are gathered in front of the store.
그 아이들은 시내 쪽으로 가고 있었어요.	The kids were going toward downtown.
서점은 길 건너편에 있어.	The bookstore is across[on the opposite side of] the street.
길을 따라 벚나무가 심겨 있다.	Cherry trees are planted along the street.
50미터쯤 똑바로 가다가 우회전하세요.	Go straight about 50 meters and then turn right.

방향

toward(s)
~ 쪽으로, ~을 향하여

across
~ 건너서, 가로질러서

into
~ 안으로

out of
~ 밖으로

through
~을 통해

along
~을 따라

turn right
우회전하다

turn left
좌회전하다

go straight
똑바로 가다

go upstairs
위층으로 올라가다

go downstairs
아래층으로 내려가다

under, below, beneath

- under : 공간에서 어떤 것의 아래, 수량 · 나이 등이 아래[미만], 어떤 상태나 조건 아래(영향을 받고 있음을 나타냄)
- below : 위치가 어떤 것보다 아래[밑], 어떤 기준보다 아래[미만]
- beneath : 붙어 있는 상태의 아래

The cat was sleeping under the bed. 그 고양이는 침대 밑에서 자고 있었다.
Children under 15 can't see the movie. 15세 미만의 아동은 그 영화를 볼 수 없다.
The author's name was written below the title. 저자 이름은 제목 아래에 적혀 있었다.
His marks in math are below average. 그의 수학 점수는 평균 아래다[평균이 안 된다].
The girl hid the doll beneath the blanket. 소녀는 인형을 담요 밑에 숨겼다.

on, over, above

- on : 어떤 것의 표면 위에
- over : ~ 위에, 이동하는 움직임을 나타낼 때, 나이 · 돈 · 시간에
- above : ~ 위에, 최저치나 고정된 수치와 관련하여

There was a picture on the wall. 벽에 그림이 하나 걸려 있었어.
The dragonfly is flying over the plant. 잠자리가 식물 위를 날고 있다.
Mount Everest is 8,848m above sea level. 에베레스트산은 해발 8,848미터다.

UNIT 4 수/양을 나타내는 표현들과 수 읽는 법

수가 많은	양이 많은
many	much
a (large) number of ~	a large[great. huge] amount of ~
a lot of ~	a lot of ~
lots of ~	lots of ~

수가 적은, 약간인	양이 적은, 약간인
some 몇몇의	some 약간의
a few 몇몇의	a little 약간의
few 거의 없는	little 거의 없는
a small number of ~ 적은 수의 ~	a small amount of ~ 적은 양의 ~

SENTENCES TO USE

많은 사람이 해마다 이 섬에 와요.	A large number of people visit this island every year.
인터넷에는 방대한 양의 정보가 있어.	There is a huge amount of information on the Internet.
몇 분만 시간을 줘.	Give me just a few minutes.
좀 더 잘래.	Let me have some more sleep.
우린 돈이 조금밖에 안 남았어.	We just have a little money left.
난 오늘 오후에 케이크 조금 먹었어.	I ate a small amount of cake this afternoon.

큰 숫자 읽기

1,107	one thousand, one hundred and seven
12,345	twelve thousand, three hundred and forty-five
762,815	seven hundred and sixty-two thousand, eight hundred and fifteen
2,053,724	two million, fifty-three thousand, seven hundred and twenty-four
15,000,000	fifteen million
550,000,000	five hundred and fifty million

서수 읽기

32nd	thirty second
84th	eighty fourth
103rd	one hundred and third
201st	two hundred and first

분수, 소수 읽기

1/2	a half
1/3	a third, one third
1/4	a quarter, a fourth, one fourth
1/5	a fifth, one fifth
3/4	three quarters, three fourths
1/8	an eighth, one eighth
0.2	(zero) point two
1.5	one point five
4.37	four point three seven

날짜 읽기

4월 1일	April first, the first of April
10월 23일	October twenty third

전화번호 읽기

02-987-6543	zero[o]-two, nine-eight-seven, six-five-four-three
010-8765-4321	zero[o]-one-zero[o], eight-seven-six-five, four-three-two-one

호텔 방 번호 읽기

902호	nine o two
315호	three one five

날씨와 기상 현상을 나타내는 표현들

warm, mild
따뜻한, 온화한

sunny 맑은
hot 더운

cloudy 흐린

rainy
비 오는

stormy
폭풍우가 몰아치는

cool
시원한

windy
바람 부는

snowy
눈이 오는

cold 추운
freezing 꽁꽁 얼게 추운

SENTENCES TO USE

어서 따뜻해지면 좋겠어.	I hope it gets warm soon.
한국의 여름은 엄청 덥고 습해요.	Summer in Korea is very hot and humid.
나는 흐린 날씨가 좋아.	I like cloudy weather.
비 오는 날에는 기분이 센티해져.	I feel sentimental on rainy days.
오늘 기온이 (섭씨) 영하 17도래!	Today's temperature is minus 17 degrees Celsius!
안개 낀 날에는 운전을 조심해야 해.	You should be careful when you drive on a foggy day.

temperature 온도
⟨minus⟩ **degrees**
⟨Celsius/Fahrenheit⟩
(섭씨/화씨) (영하) ~도

humidity
습도

humid
습한

dry
건조한

frosty
서리가 내린

foggy
안개 낀

명사 → 날씨를 나타내는 형용사

sun(태양) → sunny
wind(바람) → windy
storm(폭풍우) → stormy
frost(서리) → frosty

cloud(구름) → cloudy
rain(비) → rainy
snow(눈) → snowy
fog(안개) → foggy

섭씨온도(Celsius scale)와 화씨온도(Fahrenheit scale)

우리나라를 비롯한 대부분의 나라에서 쓰는 섭씨온도는 물이 어는 온도를 0도, 끓는 온도를 100도로 하고 그 사이를 100등분하여 나타내는 온도로, 스웨덴의 물리학자 셀시우스가 고안하여 영어로 ~ degrees Celsius라고 씁니다.

한편, 미국과 일부 유럽에서 사용하는 화씨온도는 물이 어는 온도를 32도, 끓는 온도를 212도로 하여 그 사이를 180등분하여 나타내는 온도로, 독일의 물리학자 파렌하이트가 고안해서 영어로 ~ degrees Fahrenheit라고 씁니다.

(화씨온도−32)÷1.8=섭씨온도   (섭씨온도×1.8)+32=화씨온도

raindrop
빗방울

snowflake
눈송이

shower
소나기

storm
폭풍우

thunderstorm
뇌우

lightning 번개
thunder 천둥

snowstorm
눈보라

typhoon
태풍

hurricane
허리케인

SENTENCES TO USE

여름날 소나기가 오면 상쾌해.	It's refreshing when it showers on a summer day.
큰 태풍이 다가오고 있어요.	A big typhoon is approaching.
이 지역은 몇 달째 가뭄으로 고생이야.	This area has been suffering from drought for months.
오늘도 폭염 경보가 발령됐어요.	A heat wave warning was issued again today.
어젯밤도 열대야라서 잠을 제대로 못 잤어.	I couldn't sleep well last night either because it felt like a tropical night.
오늘은 미세먼지 때문에 밖에 못 나가.	We can't go outside today because of the fine dust.

flood
홍수

drought
가뭄

38℃

heat wave 폭염
[tropical night 열대야]

cold wave
한파

fine dust 미세먼지
yellow dust 황사 / **smog** 스모그

기상 주의보, 경보

· 주의보 : watch
태풍 주의보/경보 : a typhoon ~
폭염 주의보/경보 : a heat wave ~
대설 주의보/경보 : a heavy-snow(fall) ~

· 경보 : warning, alert
호우 주의보/경보 : a heavy rain(fall) ~
한파 주의보/경보 : a cold wave ~
오존 주의보/경보 : an ozone ~

주의보/경보를 발령하다 : issue a ~ watch/warning[alert]
주의보/경보를 해제하다 : lift[call off] a ~ watch/warning[alert]
주의보/경보가 발효 중이다 : a ~ watch/warning[alert] is in effect

미세먼지 PM10, PM2.5

미세먼지는 흔히 fine dust라고 하지만, 전문 용어로는 PM10(미세먼지), PM2.5(초미세먼지)라고 합니다.
PM은 particulate matter의 준말로 미세먼지를 뜻하고, PM10은 입자가 지름 10㎛ 이하인 미세먼지, PM2.5는 입자의 지름이 2.5㎛ 이하인 초미세먼지를 가리킵니다.
방송에서는 PM10, PM2.5라는 용어를 사용하니 알아두세요.

사물을 묘사하는 표현들

크기, 길이, 무게, 높이, 거리, 깊이 등

tiny 아주 작은 → **small/little** 작은 → **big/large** 큰 → **huge** 아주 큰, 거대한

---

short  **long**
짧은 긴, 길이가 ~인

---

high   **low**
높은, 높이가 ~인 낮은

---

heavy   **light**
무거운 가벼운

SENTENCES TO USE

이 신발은 나한테 좀 작은데.	These shoes are a little small for me.
그곳은 세계에서 제일 큰 전기 자동차 회사야.	It's the world's biggest electric car company.
거기 예전에 엄청 큰 나무 있었잖아.	There used to be a huge tree there.
서울에서 제일 높은 산은 북한산이야.	The highest mountain in Seoul is Bukhansan.
가방 무겁지 않아? 들어 줄까?	Isn't your bag heavy? Do you want me to carry it?
그 상자 가벼워서 나도 나를 수 있어.	The box is light enough for me to carry.

thick 두꺼운			**thin** 얇은, 가는
near 가까운			**far** 먼, 멀리, ~만큼 떨어져
deep 깊은, 깊이가 ~인			**shallow** 얕은
wide (폭이나 면적이) 넓은			**narrow** 좁은

SENTENCES TO USE

너 발목 정말 얇다!	Your ankle is really thin!
여기서 제일 가까운 우체국이 어디야?	Where is the nearest post office from here?
너희 집에서 사무실까지 거리가 얼마나 돼?	How far is it from your house to your office?
이 개천은 얕아서 들어가서 놀아도 안전해.	This stream is shallow, so it's safe to go in and play.
파리의 샹젤리제 거리는 길고 넓은 길이야.	The Champs-Élysées in Paris is a long and wide avenue.
좁은 길을 운전해서 지나가는 게 너무 힘들어.	It's so hard to drive through a narrow path.

상태

new
새로운

old
오래된, 낡은

bright
밝은

dark
어두운

hot
뜨거운

cold
차가운

clean 깨끗한
/ tidy, neat
정돈된, 단정한, 말끔한

dirty
더러운

SENTENCES TO USE

너 그 사람 새 소설 읽었어?	Have you read her new novel?
이 거리엔 오래된 주택이 많아.	There are lots of old houses on this street.
어두운 데서 책 읽으면 눈에 안 좋대.	They say reading in the dark is not good for the eyes.
이 수프 너무 뜨거워서 못 먹겠어.	This soup is too hot to eat.
진이 방은 늘 깨끗하고 잘 정돈돼 있어.	Jin's room is always clean and tidy.
더러운 운동화 좀 빨아 신어.	Please wash your dirty sneakers.

loud
시끄러운

quiet 조용한, 평온한, 말수가 없는
silent 고요한, 침묵하는, 묵음의
still 조용한, 움직임이 없는

hard
딱딱한, 단단한

soft
부드러운

rough
거친, 표면이 고르지 않은

smooth
매끄러운, 표면이 고른

strong
강한, 힘센, 튼튼한

weak
약한, 힘이 없는

tough
질긴, 튼튼한, 강인한

SENTENCES TO USE

나는 조용한 데서 일하는 게 좋아.	I like working in a quiet place.
그가 나타나자 모두가 침묵했어요.	As he showed up, everyone became silent.
잔잔한 물이 깊다. (속담)	Still waters run deep.
이 로션을 바르면 피부가 아주 매끄러워져.	This lotion makes your skin feel very smooth.

quiet, silent, still
- quiet : 조용하지만 약간의 소음은 있는 상태, 마음이 평온한 상태, 한산한 상태를 가리키고, 말수가 없는 사람을 가리킬 때 씁니다.
- silent : 아예 소리가 없는 상태, 침묵하는 상태, 소리가 나지 않는 음(묵음)을 가리킵니다.
- still : 움직임이 없어서 고요한 상태를 가리킵니다.

색

white 흰색(의)　　　　**black** 검은색(의)
red 빨간색(의)　　　　**orange** 오렌지색(의)

yellow 노란색(의)　　　**yellow green** 연두색 (**yellow-green** 연두색의)

green 녹색(의)　　　　**dark green** 짙은 녹색 (**dark-green** 짙은 녹색의)

blue 파란색(의)　　　　**sky blue** 하늘색 (**sky-blue** 하늘색의)
navy blue 군청색 (**navy-blue** 군청색의)

violet 보라색(의)　　　**purple** 자주색(의)
pink 분홍색(의)　　　　**gray** 회색(의)
brown 갈색(의)
beige 베이지색(의)　　　**cream** 크림색(의)
silver 은색(의)　　　　**gold** 금색(의)

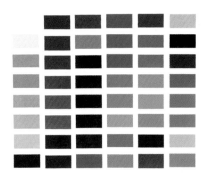

SENTENCES TO USE

눈이 많이 와서 온 세상이 흰색이야.	It's white everywhere since it snowed a lot.
봄날의 연두색 잎들이 참 예뻐.	Yellow-green leaves in spring are so pretty.
나는 군청색 정장을 입고 면접을 보러 갔어.	I went for a job interview wearing a navy-blue suit.
'자주색 비'라는 노래가 있던데, 자주색 비가 뭘까?	There is a song called *Purple Rain*. What is purple rain?
그 여자는 회색, 검은색 옷만 입어.	She only wears gray and black clothes.
이 크림색 블라우스 너한테 잘 어울린다.	This cream blouse looks good on you.

재료

wood 나무, 목재
wooden 나무로 된

metal
금속

glass
유리

plastic
플라스틱, 플라스틱으로 된

paper
종이

fabric
섬유

leather
가죽

rubber
고무, 고무로 된

SENTENCES TO USE

나무로 된 젓가락이 가벼워서 쓰기에 좋아.

Wooden chopsticks are light so they are good to use.

금속으로 된 시계 갖고 싶어.

I'd like to have a metal watch.

루브르 박물관 앞에는 커다란 유리 피라미드가 있어.

There's a big glass pyramid in front of the Louvre Museum.

비닐봉지는 가능하면 사용하지 말아야 해.

We shouldn't use plastic bags if it's possible.

콘서트에서 사람들이 종이비행기를 날렸어.

People flew paper planes at the concert.

가죽 가방은 무거워서 못 들겠어.

I can't carry a leather bag since it's heavy.

UNIT 7 사물을 평가하는 표현들

amazing, awesome, excellent, fantastic, wonderful 굉장한, 멋진, 훌륭한
annoying, irritating 짜증스러운
boring 지루한
comfortable 편안한, 쾌적한, 안락한 (↔ **uncomfortable**)
convenient 편리한, 간편한 (↔ **inconvenient**)
dangerous 위험한
disappointing 실망스러운
disgusting 역겨운, 혐오스러운
exciting 신나는, 흥미진진한
frightening, scary 무서운
fun 재미있는, 즐거운

SENTENCES TO USE

그 영화 너무 지루했어.	That movie was so boring.
이 의자 엄청 편안하다.	This chair is so comfortable.
이 로봇 청소기는 아주 편리해요.	This robot vacuum cleaner is very convenient.
선거 결과가 상당히 실망스러워.	The results of the election are quite disappointing.
저 남자는 말하는 게 너무 혐오스러워.	The man's language is too disgusting.
난 무서운 영화는 못 봐.	I can't watch scary movies.

funny 우스운, 웃기는
important 중요한
pleasant 기분 좋은, 쾌적한, 즐거운 (↔ **unpleasant**)
satisfying 만족스러운
strange 이상한, 낯선
terrible 끔찍한, 형편없는
useful 쓸모 있는 (↔ **useless**)

harmful 해로운 (↔ **harmless**)
interesting 재미있는, 흥미로운

shocking 충격적인, 어이없는
surprising 놀라운
terrific 아주 좋은, 훌륭한, 멋진

SENTENCES TO USE

그 시트콤 정말 웃겨.	That sitcom is really funny.
건강 보조제를 너무 많이 먹는 것도 건강에 해로울 수 있어.	Taking too many food supplements can be harmful to our health.
그 식당에서 한 식사는 아주 만족스러웠어.	The meal at the restaurant was very satisfying.
오늘 아주 충격적인 이야기를 하나 들었어.	Today I heard a very shocking story.
그 배우 연기가 너무 형편없던데.	The actor's performance was terrible.
이런 쓸모없는 물건은 왜 산 거니?	Why did you buy this useless thing?

UNIT 8 사람의 기분과 몸 상태

기분

delighted, glad, happy, pleased
기쁜, 즐거운

angry, furious
화가 난

annoyed, irritated
짜증이 난

anxious, worried 걱정하는, 불안한
blue, depressed 우울한
disappointed 실망한
embarrassed 당황한, 쑥스러운
nervous 긴장한, 초조한
stressed 스트레스를 받는
upset 속상한, 마음이 상한

satisfied
만족한

surprised
깜짝 놀란

SENTENCES TO USE

그거 너무 걱정하지 마.	Don't be worried about it too much.
며칠째 기분이 우울해.	I've been feeling blue for days.
그 사람 반응에 실망했어.	I was disappointed with his reaction.
수중에 돈이 없어서 당황스러웠어.	I was embarrassed because I had no money with me.
나는 긴장하면 손톱을 물어뜯어.	I bite my fingernails when I'm nervous.
요즘 스트레스가 너무 커.	I'm so stressed these days.

몸 상태

well 건강한, 몸 컨디션이 좋은
healthy 건강한
strong 강한, 튼튼한

unhealthy 건강하지 못한
weak 약한
ill, sick 아픈

tired 피로한
exhausted 몹시 지친, 기진맥진한
burnt-out 극도로 피곤한, 번아웃된

SENTENCES TO USE

오늘 몸이 좀 안 좋네.	I don't feel well today.
우리 아이들은 고맙게도 다 건강해.	Thankfully all my kids are healthy.
그 애는 어려서부터 몸이 약해.	She has been weak since she was a child.
아플 때는 약을 먹고 쉬어.	When you are sick, take medicine and get some rest.
오늘 무리했더니 너무 지쳤어.	I overworked today and now I'm exhausted.
그 사람 번아웃 상태야. 휴식이 필요해.	He is burnt-out. He needs some rest.

9 하루 일과

wake up
잠에서 깨다

get up
일어나다

wash one's face
세수하다

shave
면도하다

take a shower
샤워하다

wash one's hair
머리를 감다

dry one's hair
머리를 말리다

brush [comb] one's hair
머리를 빗다

brush one's teeth
양치질하다

floss one's teeth
치실로 이 사이를 닦다

SENTENCES TO USE

걔는 매일 두 번씩 샤워를 해.	She takes a shower twice every day.
자기 전에 머리를 말리는 게 좋아.	You'd better dry your hair before going to bed.
난 양치질하고 나서 항상 치실로 이 사이를 닦아.	I always floss my teeth after brushing them.
나는 화장하는 데 5분밖에 안 걸려.	It only takes me five minutes to put on my makeup.
우리는 아침 먹고 출근해요.	We go to work after having breakfast.
나는 매일 아침 8시에 지하철을 타.	I take the subway at eight every morning.

put on (one's) makeup
화장하다

get dressed
옷을 입다

eat [have] breakfast
아침을 먹다

have coffee/tea
커피/차를 마시다

take the bus/subway
버스/지하철을 타다

drive to work
운전해서 출근하다

go to work
출근하다

---

wake up vs. get up
- wake up : 잠에서 깨다
- get up : 잠자리에서 일어나다, 앉거나 누워 있다가 일어나다

치아 관리
- brush one's teeth : 양치질을 하다
- floss one's teeth, use dental floss : 치실질을 하다
- use an interdental brush : 치간 칫솔을 사용하다

eat[have] lunch
점심을 먹다

have[take] a break
잠깐 쉬다

finish work
일을 끝내다

**leave[get off] work,
leave the office,
leave for the day**
퇴근하다

work overtime
야근하다, 잔업을 하다

cook[make] dinner
저녁을 만들다

eat[have] dinner
저녁을 먹다

SENTENCES TO USE

난 회사 식당에서 점심을 먹어요.	I have lunch at my company cafeteria.
보통 몇 시에 퇴근해요?	What time do you usually leave work?
요즘은 야근 자주 안 해요.	I don't work overtime often these days.
나는 일주일에 서너 번 헬스클럽에서 운동을 해요.	I work out at the gym three or four times a week.
저녁을 먹고 나서, 나는 SNS를 확인하거나 TV를 봐.	After eating dinner, I check social media or watch TV.
우리 언니는 매일 밤 목욕을 해.	My sister takes a bath every night.

watch TV
TV를 보다

listen to music
음악을 듣다

work out (at the gym)
(헬스클럽에서) 운동하다

browse[surf] the Internet
인터넷 서핑을 하다

check social media[SNS]
소셜 미디어[SNS]를 확인하다

read a book/ magazine
책/잡지를 읽다

take a bath
목욕하다

take a half(lower)-body bath
반신욕을 하다

go to bed
잠자리에 들다

eat, have + 식사
'아침 식사, 점심 식사, 저녁 식사를 먹다[하다]'라는 뜻을 나타낼 때는 동사 eat과 have를 모두 쓸 수 있습니다. 단, 어떤 특정한 음식을 먹는다고 표현할 때는 보통 eat을 쓰되, have를 쓸 수도 있습니다.

퇴근하다
'퇴근하다'라는 표현은 leave work, get off work, leave the office, leave for the day 등으로 나타낼 수 있습니다. finish work라고 쓸 수도 있는데, 이 표현은 '퇴근하다'라는 뜻보다 는 순수하게 '일을 마치다'라는 뜻이 강합니다. 즉, 사무실에서 일을 하지 않더라도 어떤 일을 끝낼 수 있고, 그럴 때는 leave work가 아니라 finish work가 적절하겠죠?

SNS를 확인하다
우리나라에서는 보통 SNS라고 하지만 미국, 캐나다 등 영어권에서는 social media라는 용어가 더 보편적으로 쓰입니다. 그래서 'SNS를 확인하다'는 대개 'check social media'라고 씁니다. (그러나 check SNS라는 표현이 틀린 것은 아닙니다.) 구체적으로 check (out) one's Facebook/Twitter/Instagram(페이스북/트위터/인스타그램을 확인하다)이라고 쓸 수도 있습니다.

cook[make] breakfast/ lunch/dinner
아침/점심/저녁을 만들다

make a lunchbox
도시락을 싸다

set the table
식탁을 차리다

clear the table
식탁을 치우다

wash[do] the dishes
설거지하다

separate trash
쓰레기를 분리하다

take out the trash
쓰레기를 내놓다

clean the house/ room/bathroom
집/방/욕실을 청소하다

clean up one's room/desk
방/책상을 치우다, 정리하다

vacuum the floor
청소기를 돌리다

sweep the floor
비질을 하다

mop the floor
바닥을 걸레질하다

SENTENCES TO USE

난 밥 먹고 나면 바로 설거지를 해.	I wash the dishes right after I eat.
쓰레기 내놓는 건 우리 첫째 아이 일이에요.	Taking out the trash is my eldest child's job.
나는 하루걸러 한 번씩 청소기를 돌려요.	I vacuum the floor every other day.
나는 집안일 중에 다림질이 제일 싫어.	I hate ironing the most among housework.
나는 거의 매일 우리 강아지 산책시켜.	I walk my dog almost every day.
일주일에 두 번 정도 장을 봐요.	I do grocery shopping about twice a week.

do the laundry, wash the clothes
빨래하다

hang the clothes
빨래를 널다

fold the clothes
빨래를 개다

do the ironing
다리미질을 하다
iron~ ~을 다리다

make the bed
침대를 정리하다

change the sheets
침대 시트를 갈다

water the plants
화초에 물을 주다

feed the pet /dog/cat
반려동물/개/고양이에게 밥을 주다

walk the dog
개를 산책시키다

do the shopping
쇼핑을 하다

do grocery shopping
(식료품) 장을 보다

집안일

'집안일, 가사'는 housework, household chores이고, '집안일을 하다'는 do housework, do household chores라고 표현합니다.

grocery, groceries

grocery (store, shop)는 식료품과 잡화를 파는 가게를 가리킵니다. 슈퍼마켓(supermarket)과 거의 같은 의미입니다.
groceries라고 쓰면 식료품과 잡화를 가리킵니다.

UNIT 11 기념일, 행사

국경일, 주요 국가 기념일

New Year's Day 새해 첫날
Lunar New Year's Day, Korean New Year 설날
Independence Movement Day 삼일절
Arbor Day 식목일
Children's Day 어린이날
Parents' Day 어버이날
Buddha's Birthday 석가탄신일
Memorial Day 현충일
Constitution Day 제헌절
Liberation Day 광복절
Chuseok, Korean Thanksgiving Day 추석
National Foundation Day 개천절
Hangul Proclamation Day 한글날
Christmas (Day) 크리스마스
New Year's Eve 12월 31일

SENTENCES TO USE

한국에서 제일 큰 명절 두 가지는 설날과 추석이지요.	The two biggest holidays in Korea are Lunar New Year's Day and Chuseok.
제헌절은 공휴일이 아니야. 학교 가야 해.	Constitution Day is not a holiday. You have to go to school.
올해는 한글날이 일요일이네.	This year, Hangul Proclamation Day falls on Sunday.
오늘 친구네 집들이에 가.	I'm going to a friend's housewarming party today.
이번 주에만 송년회가 세 번이야.	I have three year-end parties this week alone.
내일은 아버지의 두 번째 기일이에요.	Tomorrow is the second anniversary of my father's death.

개인적 기념일, 행사

100th day after birth 백일
the first birthday 첫돌
the sixtieth birthday 환갑
the seventieth birthday 칠순
wedding anniversary 결혼기념일
housewarming party 집들이
farewell party 송별회
welcome party 환영회
year-end party 송년회
anniversary of one's death 기일

국경일, 공휴일

'국경일'은 영어로 national holiday라고 합니다. 그러나 우리나라의 국경일(삼일절, 제헌절,
광복절, 개천절, 한글날) 가운데 제헌절은 휴일(holiday)이 아니라는 아이러니가 있네요.
법정 공휴일은 legal holiday나 official (national) holiday라고 합니다.
대체 공휴일은 substitute holiday라고 합니다.

CHAPTER

2

사람

————

Human

사람의 몸 (1) – 외부 : 몸 전체

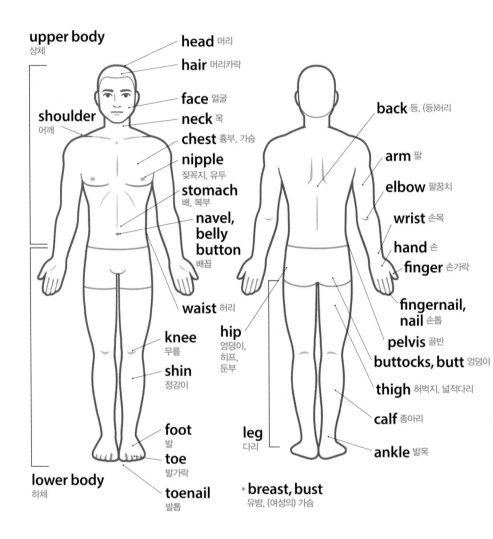

upper body 상체

head 머리

hair 머리카락

face 얼굴

shoulder 어깨

neck 목

chest 흉부, 가슴

nipple 젖꼭지, 유두

stomach 배, 복부

navel, belly button 배꼽

back 등, (등)허리

arm 팔

elbow 팔꿈치

wrist 손목

hand 손

finger 손가락

fingernail, nail 손톱

waist 허리

knee 무릎

shin 정강이

hip 엉덩이, 히프, 둔부

pelvis 골반

buttocks, butt 엉덩이

thigh 허벅지, 넓적다리

calf 종아리

foot 발

toe 발가락

leg 다리

ankle 발목

lower body 하체

toenail 발톱

* **breast, bust** 유방, (여성의) 가슴

SENTENCES TO USE

우리 엄마는 하체가 상체보다 부실해.	My mom's lower body is weaker than her upper body.
나는 하체 비만이야.	I am overweight in my lower body.
나이를 먹을수록 하체 운동이 중요해집니다.	Exercising your lower body gets important as you get older.
그 남자는 어깨가 넓어.	The man has broad shoulders.
엎드리세요.	Lie on your stomach, please.
그 남자는 손가락이 가늘고 길어.	The man has long, thin fingers.

chest vs. breast, bust

chest는 남자 여자 불문하고 가슴 부위, 흉부를 가리킵니다. 반면에 breast와 bust는 여성의 가슴, 즉 유방을 가리키지요.

waist vs. back

waist와 back 둘 다 '허리'로 번역할 수 있기 때문에 헷갈릴 수 있습니다. waist는 가슴과 엉덩이 사이의 잘록한 부분을 가리키고, back은 뒤쪽 허리를 나타냅니다.

hips vs. buttocks

hips와 buttocks도 우리말로는 둘 다 '엉덩이'라고 번역되지만, hips는 허리와 다리가 만나는 골반 부위를 가리키고(앞에서 보이는 부위), buttocks는 우리가 자리에 앉을 때 바닥에 닿는 살집이 있는 부위를 가리킵니다(뒤와 옆에서 보이는 부위). 즉, 우리가 흔히 '엉덩이'라고 말하는 것은 buttocks에 해당한다고 볼 수 있겠죠.

사람의 몸 (2) – 외부 : 얼굴, 손, 발

얼굴 **face** 얼굴

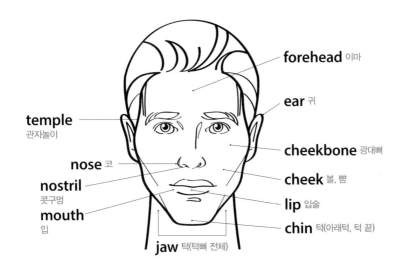

forehead 이마

ear 귀

temple
관자놀이

cheekbone 광대뼈

nose 코

cheek 볼, 뺨

nostril
콧구멍

lip 입술

mouth
입

chin 턱(아래턱, 턱 끝)

jaw 턱(턱뼈 전체)

눈 **eye** 눈

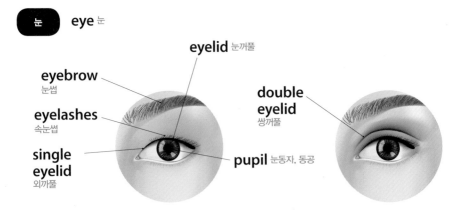

eyelid 눈꺼풀

eyebrow
눈썹

**double
eyelid**
쌍꺼풀

eyelashes
속눈썹

**single
eyelid**
외까풀

pupil 눈동자, 동공

치아 **tooth** (복수형 **teeth**) 이, 치아

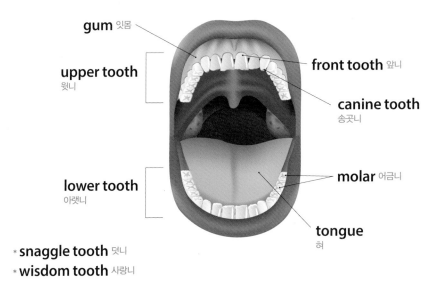

gum 잇몸

upper tooth
윗니

front tooth 앞니

canine tooth
송곳니

lower tooth
아랫니

molar 어금니

tongue
혀

* **snaggle tooth** 덧니
* **wisdom tooth** 사랑니

SENTENCES TO USE

그 사람은 이마가 넓어.	He has a wide forehead.
난 입술이 늘 말라 있어.	My lips are always dry.
그 아기는 속눈썹이 엄청 길더라.	The baby has very long eyelashes.
나는 외까풀인 눈이 좋아.	I like single eyelid eyes.
나는 어금니에 충치가 몇 개 있어.	I have some cavities in my molars.
사랑니 뺀 적 있어?	Have you ever had a wisdom tooth taken out?

손 **hand** 손

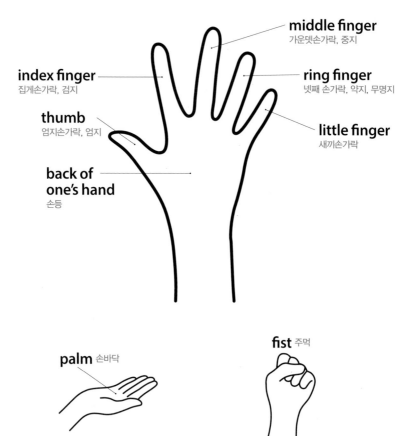

middle finger
가운뎃손가락, 중지

index finger
집게손가락, 검지

ring finger
넷째 손가락, 약지, 무명지

thumb
엄지손가락, 엄지

little finger
새끼손가락

back of
one's hand
손등

palm 손바닥

fist 주먹

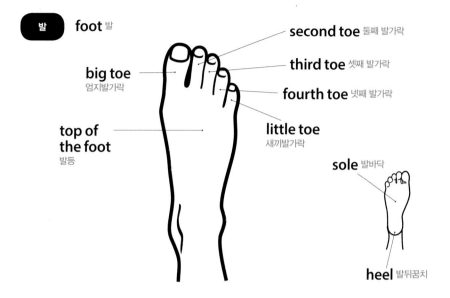

발 **foot** 발

big toe
엄지발가락

**top of
the foot**
발등

second toe 둘째 발가락

third toe 셋째 발가락

fourth toe 넷째 발가락

little toe
새끼발가락

sole 발바닥

heel 발뒤꿈치

SENTENCES TO USE

그 남자는 손등으로 이마의 땀을 닦았다.

손바닥에 그 사람 전화번호를 적었어.

반지는 보통 넷째 손가락에 끼지.

모기가 발바닥을 물었어!

발뒤꿈치의 각질을 제거해야겠어.

넌 둘째 발가락이 엄지발가락보다 더 기네!

The man wiped the sweat off his forehead with the back of his hand.

I wrote down his phone number on my palm.

We usually wear a ring on our ring finger.

A mosquito bit my sole!

I should get rid of the dead skin on my heel.

Your second toe is longer than your big toe!

사람의 몸 (3) – 내부

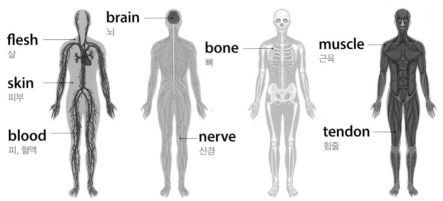

brain 뇌

flesh 살

skin 피부

blood 피, 혈액

bone 뼈

nerve 신경

muscle 근육

tendon 힘줄

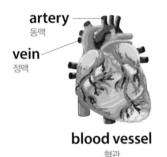

artery 동맥

vein 정맥

blood vessel 혈관

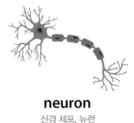

neuron 신경 세포, 뉴런

cell 세포

SENTENCES TO USE

'뇌섹남'이라는 말이 있어. 말 그대로 뇌가 섹시한 남자란 뜻이야.	There is a Korean word "뇌섹남." It literally means a man with a sexy brain.
나는 근육 운동을 해야 해.	I have to work out my muscles.
목이 아파서 말을 잘 못 하겠어.	I have a sore throat and I can't speak well.
우리 개는 태어날 때부터 심장이 약해.	My dog has a weak heart from birth.
간이 안 좋으면 쉽게 피곤해진대.	If your liver isn't good, you'll get tired easily.
우리 할머니는 무릎 관절이 안 좋아서 수술을 받으셨어.	My grandmother got surgery on her knee joint since it was so bad.

우리 몸의 여러 장기

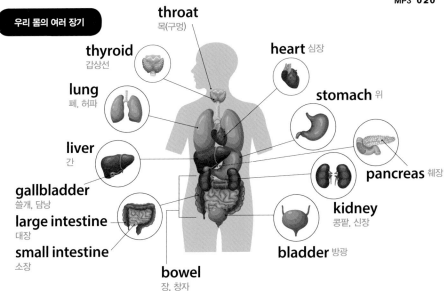

throat 목(구멍)

thyroid 갑상선

heart 심장

lung 폐, 허파

stomach 위

liver 간

pancreas 췌장

gallbladder 쓸개, 담낭

kidney 콩팥, 신장

large intestine 대장

small intestine 소장

bladder 방광

bowel 장, 창자

주요 뼈

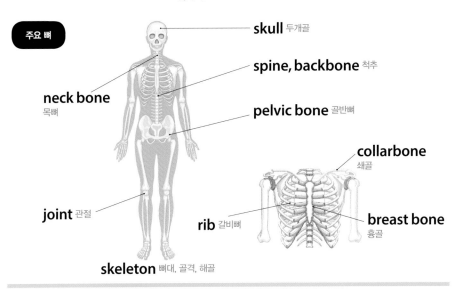

skull 두개골

spine, backbone 척추

pelvic bone 골반뼈

neck bone 목뼈

collarbone 쇄골

joint 관절

rib 갈비뼈

breast bone 흉골

skeleton 뼈대, 골격, 해골

우리 몸의 여러 분비물

tear 눈물	sweat 땀	saliva 침
phlegm 가래	sleep 눈곱	earwax 귀지
urine, pee 소변	feces, excrement, stool 대변	

체형, 스타일

short
키가 작은

medium height 중간 키(의)
average height 평균 키(의)

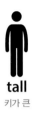

tall
키가 큰

slim, slender
날씬한, 호리호리한

skinny, thin
비쩍 마른

chubby
통통한

overweight
과체중의
obese
비만인
fat
뚱뚱한

muscular
근육질의

SENTENCES TO USE

나는 중간 키에 살짝 통통해요.	I am medium height and a little chubby.
내 친구 하나는 너무 말라서 고민이래.	A friend of mine is worried since she is too skinny.
과체중이 무조건 나쁜 건 아니잖아?	Being overweight isn't necessarily a bad thing, is it?
우리 언니는 아이를 낳고 나서 비만이 됐어.	My sister became obese after giving birth to a child.
그 노부부는 함께 크루즈 여행을 하고 있다.	The elderly couple is on a cruise together.
며칠 전에 걔가 잘생긴 남자랑 걸어가는 걸 봤어.	I saw her walking with a good-looking man the other day.

middle-aged
중년의

old
늙은, 나이 많은

(**elderly** 연세가 드신)

good-looking 잘생긴
handsome (주로 남자가) 잘생긴
gorgeous 멋진, 매력적인
attractive 매력적인
beautiful (주로 여성이나 아이가) 아름다운
pretty 예쁜, 귀여운
lovely 사랑스러운, 매력적인

체중 관련 표현

- gain weight : 살이 찌다
- lose weight : 살이 빠지다
- be on a diet : 다이어트 중이다

연령대 표현

10대 : teens	20대 : twenties	30대 : thirties
40대 : forties	50대 : fifties	60대 : sixties
70대 : seventies	80대 : eighties	90대 : nineties

- 초반 : one's early ~
  I met her in her early thirties. 나는 그녀가 30대 초반일 때 그녀를 만났어.
- 중반 : one's mid-
  He wrote the novel in his mid-twenties. 그는 20대 중반에 그 소설을 썼어요.
- 후반 : one's late ~
  They are in their late forties. 그들은 40대 후반이에요.
- ~ 또래다 : about[around] one's age
  The actress is about my age. 그 배우는 내 또래야.

UNIT 5 얼굴과 머리 모양

얼굴, 피부 **have + ~ skin/face**

pale skin
피부색이 창백하다

fair skin
피부가 희다

tan skin
피부가 햇볕에 탔다

dark skin
피부색이 검다

a round face
얼굴이 둥글다

an oval-shaped face
얼굴이 달걀형이다

a thin[an oblong] face
얼굴이 갸름하다

a square face
얼굴이 사각형이다

pimple 여드름, 뾰루지
 wrinkle 주름

dark circles 다크서클
 acne 여드름

freckle 주근깨, 기미
 dry skin 건성 피부

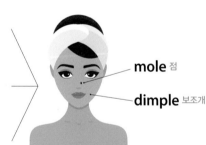

mole 점
dimple 보조개

* **oily skin** 지성 피부

SENTENCES TO USE

그 아이는 피부가 아주 하얬어. — The girl had very fair skin.

내 얼굴이 달걀형이면 좋겠어. — I wish I had an oval-shaped face.

빨강머리 앤은 얼굴에 주근깨가 있어. — Anne of Green Gables has freckles on her face.

주름이 점점 많아져서 고민이에요. — I'm distressed I'm getting more and more wrinkles.

나는 배꼽 옆에 점이 있어요. — I have a mole next to my belly button.

그 사람은 보조개가 아주 매력적이야. — He has a very charming dimple.

머리 모양 have + ~ hair

long hair
머리가 길다
straight hair
직모다

short hair
머리가 짧다

shoulder-length hair
머리가 어깨까지 오다

wavy hair
웨이브가 있다

curly hair
곱슬머리다

gray hair
흰머리가 있다

wear a pony tail
머리를 뒤로 묶다

have one's hair cut
머리를 자르다

have one's hair permed
파마하다

have one's hair dyed
염색하다

lose one's hair
머리가 빠지다

be bald
대머리다

have beard/mustache/sideburns
턱수염/콧수염/구레나룻이 있다

SENTENCES TO USE

난 몇 년째 긴 머리 고수 중이야.	I have had long hair for several years.
그 남자아이는 곱슬머리야.	The boy has curly hair.
넌 머리를 얼마마다 자르니?	How often do you have your hair cut?
나 어제 파마 했어.	I had my hair permed yesterday.
요즘 머리가 많이 빠져.	I'm losing a lot of hair these days.
그 남자는 구레나룻이 있었어.	The man had sideburns.

6 동작 (1) – 얼굴과 머리

breathe
숨을 쉬다

hold one's breath
숨을 참다

sigh
한숨을 쉬다, 한숨

yawn
하품하다

cough
기침하다

sneeze
재채기하다

hiccup
딸꾹질하다
(hiccups 딸꾹질**)**

wink
윙크하다 (한쪽)
blink 눈을 깜박이다 (양쪽)

smile
미소 짓다

laugh
소리 내어 웃다

frown
찡그리다

cry
울다

weep
눈물을 흘리다

SENTENCES TO USE

한숨 좀 그만 쉬어.	Stop sighing.
난 머리가 아프면 하품이 자꾸 나와.	I keep yawning when I have a headache.
그 애는 며칠째 기침을 하고 있어.	He's been coughing for days.
딸꾹질 멈추려면 어떻게 해야 해?	How can I stop the hiccups?
저 남자 너한테 윙크한 거니?	Did the man wink at you?
왜 나한테 인상 쓰는 거야?	Why are you frowning at me?

MP3 023

look back
뒤를 돌아보다

nod
고개를 끄덕이다

shake one's head
고개를 젓다

lower one's head
고개를 숙이다

one's nose runs
콧물이 나다

blow one's nose
코를 풀다

wipe one's nose
코를 닦다

pick one's nose
코딱지를 파다

spit   **spit out phlegm**
침을 뱉다   가래를 뱉다

whisper
속삭이다

shout
소리치다, 고함치다

SENTENCES TO USE

그녀는 몇 번이고 계속 뒤를 돌아보았어.	She kept looking back over and over again.
민호는 조용히 고개를 끄덕였어.	Minho nodded quietly.
콧물이 계속 나네.	My nose keeps running.
코딱지 좀 그만 파지 않을래?	Why don't you stop picking your nose?
길에 침 뱉으면 안 되지.	You should not spit on the street.
소리 지르지 마. 잘 들려.	Don't shout. I can hear you.

동작 (2) – 몸

raise one's hand
손을 들다

wave
손을 흔들다

clap one's hands
박수를 치다

shake hands with ~
~와 악수하다

fold one's arms
팔짱을 끼다

carry
들다, 휴대하다, 나르다

pick up
집다, 집어서 들어 올리다

touch
만지다

SENTENCES TO USE

질문 있으면 손을 드세요.	If you have a question, please raise your hand.
다들 박수 치세요!	Everybody, clap your hands!
그 정치인은 오늘 500명도 넘는 사람들하고 악수했어.	The politician shook hands with over 500 people today.
손가락으로 사람을 가리키는 건 무례한 행동이야.	Pointing at a person with a finger is rude behavior.
가방 던질게. 받아!	I'll throw the bag. Catch it!
이 문은 당겨서 열어야 해.	You should pull this door to open.

point (at)
가리키다

hold
쥐고 있다, 잡고 있다

hit
치다, 때리다

lift
위로 들어 올리다

throw
던지다

catch
(움직이는 물체를) 잡다, 받다

pull
당기다

push
밀다

squeeze
손으로 짜다

twist
비틀다, 구부리다

팔짱을 끼다
- fold one's arms : 자신의 두 팔로 팔짱을 끼는 것
  He talked with his arms folded. 그는 팔짱을 낀 채 이야기했다.
- link arms with ~ / link arms together : 두 사람이 팔짱을 끼는 것
  The girls walked along the street linking arms together.
  그 소녀들은 팔짱을 낀 채 거리를 걸어갔다.

carry vs. hold
- carry : 가지고 다니다, 나르다, 휴대하다 (이동의 의미)
  The man was carrying a briefcase. 그 남자는 서류 가방을 가지고 다녔다.
- hold : (손으로) 쥐고/잡고/들고 있다 (이동의 의미 ×)
  She was holding a teddy bear. 그 애는 곰 인형을 들고 있었다.

pick up vs. lift
- pick up : 바닥에 있는 것을 집어 들다
  He picked up a small pebble. 그는 작은 조약돌을 집어 들었다.
- lift : 위로 들어 올리다, 들어서 내리다
  She lifted her face from a book. 그녀는 책을 읽다가 고개를 들었다.

lie
눕다

lie on one's face[stomach]
엎드리다

stand up
일어서다

fall down
쓰러지다, 넘어지다

bow
허리 굽혀[고개 숙여] 인사하다

shrug
어깨를 으쓱하다

shiver
몸을 떨다

hug, embrace
안다, 포옹하다

walk
걷다

SENTENCES TO USE

그때 나는 엎드려서 잡지를 읽고 있었어.	I lied on my stomach and was reading a magazine then.
넘어지지 않게 조심하세요.	Please be careful not to fall down.
한국인들은 만나면 보통 고개를 숙여 인사해.	Koreans usually bow when they meet with each other.
그는 어깨를 으쓱하고 아무 말도 하지 않았어요.	He shrugged and said nothing.
그녀는 사람들을 잘 안아 줘.	She often hugs people.
나는 매일 만 보 이상 걸어.	I walk more than 10,000 steps every day.

run
뛰다, 달리다

jump
점프하다

kneel (down)
무릎을 꿇다

kick
발로 차다

crawl
(엎드려) 기다

climb
올라가다, 오르다

bend one's knees
무릎을 구부리다

tiptoe, walk on tiptoe
발끝으로 살금살금 걷다

SENTENCES TO USE

에스컬레이터에서 뛰지 마세요.	Do not run on escalators.
그들은 무릎을 꿇고 기도했다.	They knelt down and prayed.
그 공 좀 저한테 차 주세요.	Please kick that ball to me.
그 아기는 요즘 손과 무릎으로 기어 다녀.	The baby crawls on hands and knees these days.
계단을 올라가는 게 힘들어.	It's hard for me to climb the stairs.
엄마가 깰까 봐 발끝으로 살금살금 걸었어.	I walked on tiptoe in case my mother woke up.

UNIT 8 성격과 태도

active
활동적인, 적극적인

arrogant
오만한, 거만

bold
대담한, 과감한, 용감한

brave
용감한

careful
주의 깊은, 조심하는, 세심한

cheerful
발랄한, 쾌활한

confident
자신감 있는

considerate
사려 깊은, 배려하는

curious
호기심이 많은

diligent
근면한, 성실한

friendly
친절한, 상냥한, 다정한

funny
웃기는, 재미있는

SENTENCES TO USE

윤수는 보기보다 무척 활동적이에요.	Yunsu is more active than she looks.
그는 무척 자신감이 있어.	He is very confident of himself.
민이는 무척 사려 깊어.	Min is so considerate.
남들에게는 늘 관대하도록 노력하렴.	Always try to be generous to others.
조금 충동적인 게 그 사람 약점이지.	Being a little impulsive is his weakness.
그분은 무척 겸손해요.	He is very modest.

generous
너그러운, 관대한

gentle
부드러운, 친절한, 점잖은

honest
정직한, 솔직한

impulsive
충동적인

industrious
근면한, 부지런한

intelligent
똑똑한, 지적인

jealous
질투하는, 시기하는

kind
친절한

lazy
게으른

mature
어른스러운

mean
비열한, 짓궂은

modest
겸손한, 신중한, 정숙한

접두사를 이용한 반대말

active	↔ inactive	활동하지 않는, 활발하지 않은, 소극적인
confident	↔ unconfident	자신감 없는
considerate	↔ inconsiderate	사려 깊지 못한
friendly	↔ unfriendly	우호적이지 않은, 불친절한
generous	↔ ungenerous	옹졸한, 인색한, 대범하지 못한
honest	↔ dishonest	정직하지 못한
kind	↔ unkind	불친절한, 몰인정한
mature	↔ immature	미숙한, 치기 어린

negative 부정적인, 비관적인
obstinate, stubborn 고집 센
open-minded 마음이 열린, 편견 없는
optimistic 낙관적인, 낙천적인
outgoing 외향적인, 사교적인
passionate 열정적인
passive 수동적인, 소극적인
patient 참을성 있는, 끈기 있는
pessimistic 비관적인, 염세적인
polite 예의 바른, 공손한
positive 긍정적인
proud 자부심 있는, 자존심 강한

SENTENCES TO USE

저렇게 고집 센 사람은 본 적이 없어.	I've never seen anyone so stubborn.
그 아이는 무척 외향적이야.	The boy is very outgoing.
너는 참을성이 무척 강하구나!	You are so patient!
그녀는 꽤 합리적인 사람이에요.	She is quite a reasonable person.
지호는 항상 진지해.	Jiho is always serious.
나는 소심해서 그런 일은 못 해요.	I am too timid to do such a thing.

reasonable 합리적인, 사리를 아는
reliable 신뢰할 수 있는
responsible 책임감 있는
rude 무례한, 버릇없는
selfish 이기적인
sensitive 세심한, 예민한
serious 심각한, 진지한
shy 수줍음을 많이 타는
silly, foolish, stupid 어리석은, 바보 같은
thoughtful 생각이 깊은, 배려심 있는
timid 소심한, 용기 없는, 겁 많은
wise 지혜로운, 현명한, 슬기로운

접두사를 이용한 반대말

patient	↔ impatient	참을성 없는
polite	↔ impolite	무례한, 버릇없는
reasonable	↔ unreasonable	불합리한, 부당한
reliable	↔ unreliable	신뢰할 수 없는
responsible	↔ irresponsible	무책임한
selfish	↔ unselfish	이기적이 아닌, 사심 없는
thoughtful	↔ unthoughtful	생각이 깊지 않은, 부주의한
wise	↔ unwise	현명하지 못한, 어리석은

UNIT 9 감정

긍정적인 감정

delighted 아주 기쁜
excited 신이 난, 흥분한
grateful, thankful 고마워하는, 감사하는
happy 행복한, 기분이 좋은
interested 관심 있는, 흥미 있는
pleased 기쁜, 만족하는
proud 자랑스러워하는, 자부심 있는
relaxed 느긋한, 여유 있는
satisfied 만족한
thrilled 아주 신이 난, 흥분한

SENTENCES TO USE

다시 만나서 정말 기뻐요.	I'm so delighted to meet you again.
그 아이는 놀이공원에 가게 돼서 너무 신이 났어요.	He is so excited to go to the amusement park.
친절하게 대해 줘서 감사해요.	I'm grateful that you treated me kind.
너 같은 친구가 있다는 게 자랑스러워.	I'm proud to have a friend like you.
숲을 거닐면 기분이 느긋하고 편안해져요.	Walking through the forest makes me feel relaxed.
넌 네 삶에 만족하니?	Are you satisfied with your life?

부정적인 감정/상태

angry 화난, 성난
annoyed, irritated 짜증 난, 약이 오른
anxious 불안한, 염려하는
bored 지루해하는
confused 혼란스러운, 헷갈리는
concerned 걱정하는, 염려하는
depressed 우울한
disappointed 실망한
embarrassed 당황한
exhausted 기진맥진한
frightened 겁먹은, 무서워하는
frustrated 좌절감을 느끼는, 불만스러운

furious 몹시 화가 난
lonely 외로운
miserable 비참한, 불행한, 참담한
nervous 불안한, 초조한, 긴장한
shocked 충격 받은, 어안이 벙벙한
stressed 스트레스를 받는
tired 피로한
unhappy 불행한, 불만스러운
upset 속상한, 마음이 상한
worried 걱정하는, 우려하는

*surprised 놀란 (중립적)

SENTENCES TO USE

그 애가 자꾸 간섭해서 짜증 나.	I am annoyed that she keeps interfering.
그 사람이 한 말이 무슨 뜻인지 헷갈려.	I'm confused about what he said.
너 때문에 당황했잖아.	I was embarrassed because of you.
모두가 그 젊은 가수의 갑작스런 죽음에 충격을 받았어.	Everyone was shocked at the young singer's sudden death.
그는 쉽게 스트레스를 받아요.	He gets easily stressed.
그 일로 너무 속상해하지 마.	Don't be too upset about it.

MP3 028

CHAPTER

3

의복

Clothing

다양한 의류

dress shirt
드레스셔츠, 와이셔츠

T-shirt
티셔츠

blouse
블라우스

sweatshirt
맨투맨 티

hoody
모자 달린 옷

sweater
스웨터

cardigan
카디건

vest
조끼

jacket
재킷

coat
외투, 코트

padded coat
패딩

suit
정장

dress
원피스

skirt
치마

pants
바지

SENTENCES TO USE

유민이는 후드티를 좋아해.	Yumin likes hoodies.
이런 날씨엔 카디건 하나는 챙겨야지.	You'd better pack a cardigan in this weather.
청바지는 어떤 상의와도 잘 어울려.	Jeans go well with any top.
오늘 새 운동복을 샀어.	I bought a new training suit today.
그는 넥타이를 잘 안 매고 다녀.	He rarely wears a tie.
나는 속옷은 손빨래를 해.	I wash my underwear by hand.

jeans
청바지

shorts
반바지

training suit, sportswear
운동복

pajamas
잠옷

bathrobe
목욕 가운

tie
넥타이

socks
양말

leggings
레깅스

panty hose
팬티스타킹

stockings
스타킹

underwear
속옷

bra
브래지어

panties
(여성, 어린이용) 팬티

underpants
(남성용) 팬티

boxer shorts
(남성용) 사각팬티

* **undershirt** 러닝셔츠, 메리야스

옷의 세부 장식

collar 깃, 칼라	sleeve 소매	button 단추
cuffs button 커프스 버튼	hood (외투 등에 달린) 모자	
zipper 지퍼	pocket 주머니	

옷 관련 동사 표현

- wear : 입고 있다, 착용하고 있다 (상태)
- put on : 입다, 착용하다 (동작)
- take off : 벗다
- change : 갈아입다
- fasten : 지퍼, 단추, 핀 등을 잠그다, 채우다 (↔ unfasten 풀다)

2 의류의 재질과 무늬, 스타일

UNIT

재질

cotton
면

silk
실크, 견직

woolen
모직

fur
모피

polyester
폴리에스테르

leather
가죽

denim
데님

linen
리넨, 아마 섬유

nylon
나일론

무늬

plain
무늬가 없는

striped
줄무늬의

checkered
체크무늬의

polka-dot
물방울무늬

여러 가지 무늬
- 무늬 : pattern
- 줄무늬 : stripes
- 체크무늬 : checks, checkers, a checkered pattern
- 물방울무늬 : polka dots
- 꽃무늬 : floral[flower] pattern
- 아가일 무늬 : argyle pattern (다이아몬드 무늬)

스타일

formal 격식을 차린
neat, tidy 단정한, 말쑥한

untidy
단정치 못한

loose
헐렁한

informal, casual
평상복의, 캐주얼한

tight
딱 붙는, 꽉 조이는

fashionable,
stylish, trendy
유행을 따르는, 멋진, 맵시 있는

SENTENCES TO USE

나는 면으로 된 옷밖에 못 입어.	I can only wear cotton clothes.
저기 줄무늬 셔츠 입은 남자 좀 봐.	Look at that guy wearing a striped shirt over there.
물방울무늬 원피스 너한테 잘 어울린다.	A polka-dot dress looks good on you.
그날은 캐주얼한 옷 입어도 돼.	You can wear casual clothes that day.
이 티셔츠는 너무 딱 붙는데?	This T-shirt is too tight.
그 남자는 스타일이 아주 좋아.	The man is very fashionable.

잡화, 장신구

hat
모자

cap
앞에 챙이 달린 모자

gloves
장갑

handkerchief
손수건

glasses, spectacles
안경

sunglasses
선글라스

belt
허리띠

watch
손목시계

scarf
스카프, 목도리

shawl
숄

SENTENCES TO USE

햇빛이 강해서 모자 써야 해.	The sun is so strong that you have to wear a hat.
난 손이 차서 장갑을 꼭 껴야 해.	My hands are so cold that I have to wear gloves.
허리띠를 안 했더니 바지가 자꾸 내려가.	My pants keep falling down because I didn't wear my belt.
요즘은 스마트폰이 있어서 손목시계를 찬 사람이 별로 없지.	These days not many people wear watches since they have smart phones.
이런 날씨엔 목도리를 둘러야지.	I'll wear a scarf in this weather.
나는 에코백을 주로 들고 다녀.	I usually carry a canvas tote bag.
장마철엔 우산을 늘 갖고 다녀.	I always carry an umbrella with me during the rainy season.

suitcase	**briefcase**	**backpack**	**shoulder bag**	**handbag**
여행 가방	서류 가방	배낭	숄더백	핸드백

tote bag	**canvas tote bag**	**purse, wallet**	**umbrella**	**parasol**
토트백	에코백	지갑	우산	양산

wear ~

- a hat, a cap : 모자를 쓰다
- a scarf/a muffler/a shawl : 스카프/목도리/숄을 두르다
- gloves : 장갑을 끼다
- a belt : 허리띠를 하다
- glasses/sunglasses : 안경/선글라스를 쓰다
- a watch : 손목시계를 차다
- a hair pin/a hair tie/a hair band/a necklace/a bracelet/earrings/a ring/ a brooch : 머리핀/머리끈/머리띠/목걸이/팔찌/귀걸이/반지/브로치를 하다

우산을 쓰다, 접다

- put up[hold] an umbrella : 우산을 쓰다
- close[fold] an umbrella : 우산을 접다
- open an umbrella : 우산을 펴다

purse vs. wallet

purse와 wallet 모두 우리말로 '지갑'인데, wallet이 일반적으로 생각하는 지폐와 동전, 카드, 명함 등이 들어가는 지갑이고, purse는 wallet과 같은 의미로 쓰이기도 하고 핸드백을 가리키기도 합니다.

jewelry
보석류, 장신구

necklace
목걸이

bracelet
팔찌

earrings
귀걸이

ring
반지

brooch
브로치

hair tie
머리끈

hair band
머리띠

hair pin
머리핀

SENTENCES TO USE

그 중년 여성은 장신구를 많이 하고 있었어.	The middle-aged woman wore lots of jewelry.
난 여동생에게 줄 은 목걸이를 샀어.	I bought a silver necklace for my sister.
난 작은 귀걸이 하는 걸 더 좋아해	I prefer to wear small earrings.
못 보던 반지를 꼈네?	You wear a ring I haven't seen before.
우리 엄마가 이 브로치를 내게 주셨어.	My mother gave me this brooch.
머리끈으로 머리 좀 묶어라.	Tie your hair with a hair tie.

sneakers
운동화

running shoes
운동화, 러닝화

high heels
하이힐

flats, flat shoes
플랫 슈즈

wedge heels
웨지힐

loafers
로퍼

sandals
샌들

boots
부츠, 장화
(rain boots 레인부츠)

flip-flops
고무 슬리퍼, 샌들

slippers
실내화

SENTENCES TO USE

청바지에 운동화가 제일 편해.   Wearing jeans and sneakers is the most comfortable.

하이힐은 한 번도 신어 본 적이 없어.   I have never worn high heels.

어렸을 때는 비 오는 날 장화를 신었는데.   I wore rain boots on rainy days when I was a child.

실내화 신고 밖에 나가지 마.   Don't go outside in your slippers.

신발의 여러 부위
- heel : 굽
- insole : 신발 깔창, 안창
- outsole : 구두 밑창
- bottom of a shoe : 신발 바닥
- shoe lace : 운동화 끈

**take[have]
a shower**
샤워하다

**take[have]
a bath**
목욕하다

**wash one's
face**
세수하다

**wash one's
hair**
머리를 감다

dry one's hair
머리를 말리다

**do[fix] one's
hair**
머리를 손질하다

**tie one's hair
back**
머리를 뒤로 묶다

**have one's
hair cut**
머리를 자르다

**get a perm,
have one's hair
permed**
파마하다

**dye one's hair,
have one's
hair dyed**
염색하다

**cut[trim] one's
fingernails/
toenails**
손톱/발톱을 깎다[다듬다]

**put on
makeup**
화장하다

SENTENCES TO USE

땀을 흘렸으니 샤워를 해야지.	I've been sweating, so I'll take a shower.
나는 머리를 매일 감지는 않아.	I don't wash my hair every day.
머리 손질하는 데 시간이 많이 걸려?	Does it take you long to do your hair?
우리 엄마는 매달 염색을 해.	My mother dyes her hair every month.
손톱을 깎을 때가 됐네.	It's time to cut my fingernails.
그 사람은 화장을 연하게 해.	She puts on light makeup.

화장품 **apply, put on** ~ ~을 바르다

toner
토너, 스킨, 화장수

lotion
로션

moisturizer
수분 크림

foundation
파운데이션

blusher
블러셔

eye shadow
아이섀도

lipstick
립스틱

mascara
마스카라

eyeliner
아이라이너

aftershave
애프터셰이브 로션

perfume
향수

nail polish
매니큐어

hair dye
염색제

욕실 용품

comb
빗, 빗질하다

hairbrush
솔빗

shampoo
샴푸

conditioner
컨디셔너

shower gel
샤워젤

face wash
얼굴 세정제

facial foaming cleanser
폼 클렌저

soap
비누

shaving foam
면도용 거품

razor
면도기

toothbrush
칫솔

toothpaste
치약

interdental brush
치간 칫솔

dental floss
치실

mouthwash
구강 청결제

toilet paper
화장지

CHAPTER

식생활

Food

식재료 (1) – 곡류와 채소

곡류

rice 쌀
brown rice 현미
wheat 밀
barley 보리
bean, soybean 콩
black bean 검정콩
kidney bean 강낭콩
pea 완두콩
red bean 팥
corn 옥수수
rye 호밀
oat 귀리
flour 밀가루
whole wheat 통밀

SENTENCES TO USE

현미와 통밀이 건강에 좋아요.	Brown rice and whole wheat are good for your health.
우리 애는 검정콩 넣은 밥을 안 먹어.	My son doesn't eat rice cooked with black beans.
양배추가 위에 좋대.	They say cabbage is good for your stomach.
우리는 텃밭에서 고추와 상추를 키워.	We grow peppers and lettuce in our kitchen garden.
나는 카레에 감자, 당근, 양파, 돼지고기를 넣어.	I put potatoes, carrots, onions and pork in my curry.
마늘을 안 넣으면 찌개가 맛이 없어.	If you don't put garlic in it, the stew doesn't taste good.

채소

Chinese cabbage
배추

white radish
무

cabbage
양배추

lettuce
상추

zucchini
(길쭉한) 호박

pumpkin
(둥근) 호박

cucumber
오이

egg plant
가지

carrot
당근, 홍당무

potato
감자

sweet potato
고구마

green onion, scallion
파

onion
양파

leek
부추

hot pepper
고추

bell pepper, sweet pepper
피망

garlic
마늘

ginger
생강

mushroom
버섯

bean sprout
콩나물

spinach
시금치

perilla leaf
깻잎

lotus root
연근

식재료 (2) – 해산물, 육류, 달걀

해산물   seafood 해산물

pollack
명태 (대구류)

mackerel
고등어

cod
대구

anchovy
멸치

halibut
가자미, 넙치

trout
송어

tuna
참치

salmon
연어

hairtail, cutlassfish
갈치

mackerel pike
꽁치

sardine
정어리

seaweed
해조류

SENTENCES TO USE

해산물 중에는 새우가 제일 좋아.	I like shrimp the most among seafood.
고등어, 꽁치 같은 등푸른 생선이 몸에 좋대.	They say blue-backed fish like mackerel and mackerel pike are good for your health.
해조류가 피를 맑게 하는 데 도움이 돼요.	Seaweed helps make our blood clear.
그는 굴 알레르기가 있어.	He's allergic to oysters.
나는 소고기보다 돼지고기가 더 좋아.	I like pork better than beef.
달걀노른자에는 콜레스테롤이 많이 들어 있어요.	Egg yolks contain a lot of cholesterol.

squid
오징어

octopus
문어

oyster
굴

clam
조개

mussel
홍합

shrimp
새우

crab
게

lobster
바닷가재

육류, 달걀

meat
고기

beef
소고기

pork
돼지고기

lamb
양고기

chicken
닭고기

duck meat
오리고기

egg
달걀

(egg) yolk
노른자

egg white
흰자

생선 부류

- blue-backed fish : 등푸른 생선
- white meat[fleshed] fish : 흰살 생선
- saltwater fish : 바닷물고기
- freshwater fish : 민물고기

닭고기의 여러 부위

breast 가슴살   leg 다리 (= drumstick)   wing 날개

소고기, 돼지고기의 여러 부위

sirloin 등심   tenderloin 안심   pork belly 삼겹살
beef rib 소갈비   pork rib 돼지갈비

식재료 (3) – 과일, 견과류

 과일 **fruits** 과일

apple
사과

pear
배

orange
오렌지

strawberry
딸기

grape
포도

peach
복숭아

watermelon
수박

mandarin
감귤

persimmon
감

apricot
살구

plum
자두

grapefruit
그레이프푸르트, 자몽

SENTENCES TO USE

아침에 먹는 사과는 보약이야.	The apple we eat in the morning is very good for our health.
개는 포도 먹으면 안 돼.	Dogs shouldn't eat grapes.
내가 제일 좋아하는 과일? 복숭아.	My favorite fruit? Peach.
곶감은 집에서 만들 수 있어.	You can make dried persimmons at home.
오렌지와 자몽은 비슷하게 생겼어.	Oranges and grapefruit look alike.

banana
바나나

mango
망고

pineapple
파인애플

kiwi fruit
키위

pomegranate
석류

fig
무화과

jujube
대추

raisin
건포도

견과류   **nuts** 견과류

peanut
땅콩

chestnut
밤

almond
아몬드

walnut
호두

pine nut
잣

SENTENCES TO USE

석류에는 여성 호르몬이 많이 들어 있어요.   Pomegranates contain a lot of female hormones.

견과류를 매일 먹는 게 건강에 좋아.   Eating nuts every day is good for your health.

땅콩은 콩이야?   Are peanuts beans?

과일 관련 표현
- 과일을 따다 : pick ~
- 과일을 깎다 : peel ~
- 과즙을 내다 : make juice out of ~
- 과육 : flesh
- 껍질 : peel
- 과즙 : juice

4 식재료 (4) – 유제품, 양념

유제품 **dairy[milk] product** 유제품

milk
우유
low fat milk
저지방 우유

yogurt
요거트
fat-free yogurt
무지방 요거트

cheese
치즈

butter
버터

soybean milk 두유

SENTENCES TO USE

우유는 칼슘의 훌륭한 공급원입니다.	Milk is a great source of calcium.
나는 우유 소화 못 시켜.	I can't digest milk.
그녀는 요거트를 집에서 만들어 먹어요.	She makes yogurt at home.
올리브유는 몸에 좋지.	Olive oil is good for our health.
우리 엄마는 된장, 고추장을 집에서 담가.	My mom makes soybean paste and red pepper paste at home.
식초랑 겨자 좀 주세요.	(I'd like some) vinegar and mustard, please.

양념, 조미료　seasoning, condiment 양념, 조미료

salt 소금

sugar 설탕

red pepper powder 고춧가루

pepper 후추

soy sauce 간장

soybean paste 된장

red pepper paste 고추장

sesame salt 깨소금

cooking oil 식용유

olive oil 올리브유

sesame oil 참기름

perilla oil 들기름

sesame 참깨

perilla 들깨

vinegar 식초

mustard 겨자

dressing 드레싱

marinade (고기 등을 재는) 양념장

5 다양한 음식

식사

cooked rice 밥
soup 국
hot pot 전골
bulgogi, Korean barbecue 불고기
braised short ribs 갈비찜
bibimbap, mixed rice 비빔밥
curry and rice 카레라이스
noodle 국수
ramyeon, instant noodle 라면
rice-cake soup 떡국
fried egg 달걀 프라이
scrambled egg 스크램블 에그

side dishes 반찬
stew 찌개
porridge 죽
grilled pork belly 구운 삼겹살
pork/fish cutlet 돈가스/생선가스
fried rice 볶음밥
risotto 리소토
cold noodle 냉면
handmade noodle 칼국수
dumpling soup 만둣국
sunny side up 한쪽만 익힌 반숙 달걀 프라이
boiled egg 삶은 달걀

SENTENCES TO USE

한식은 기본적으로 밥과 반찬으로 이루어져 있죠. Korean food is basically made up of rice and side dishes.

우리 엄마는 국이나 찌개 없으면 밥을 못 드셔. My mom can't eat without soup or stew.

외국인들은 불고기를 엄청 좋아해. Foreigners love bulgogi.

그는 볶음밥밖에 할 줄 몰라. The only dish he can cook is fried rice.

나는 국수 종류는 다 좋아해. I like all kinds of noodles.

삶은 달걀을 보면 기차 여행이 떠올라. A boiled egg reminds me of a train trip.

후식, 간식

rice cake
떡

sponge cake
스펀지케이크, 카스텔라

sandwich
샌드위치

toast
토스트

(plain) bread
식빵

pastry
페이스트리

doughnut
도넛

cookie
쿠키, 과자

음료, 주류

sparkling water 탄산수
brewed coffee 원두커피
hot chocolate 핫 초콜릿, 코코아
green tea 녹차
liquor 독한 술
brew/make coffee 커피를 내리다/끓이다
drunk 취한
have[suffer from] a hangover 숙취가 있다

soft drink, soda 청량음료, 탄산음료
instant coffee 인스턴트커피
herbal tea 허브차
black tea 홍차
draft beer 생맥주
make tea 차를 끓이다[타다]
sober 술 취하지 않은

SENTENCES TO USE

떡과 빵 중에 어떤 게 더 좋아?	Which do you like better, rice cake or bread?
탄산음료에도 카페인이 들어 있나?	Is there caffeine in soft drinks?
인스턴트커피 너무 많이 마시면 살찔 수 있어.	If you drink too much instant coffee, you can gain weight.
홍차가 몸을 따뜻하게 해 준대.	They say black tea keeps you warm.
그 사람은 커피를 직접 내려서 마셔.	He brews coffee himself.
어젯밤에 술을 많이 마셨더니 숙취가 있어.	I have a hangover since I drank so much last night.

cut
자르다

chop
썰다, 다지다

slice
얇게 썰다, 저미다

dice, cube
깍둑썰기를 하다

julienne
채 썰다

peel
껍질을 벗기다

grate
강판에 갈다

mince
고기를 기계에 갈다

mash
으깨다

mix 섞다
stir 젓다, 저으며 섞다

whisk
휘저어 거품을 내다

SENTENCES TO USE

양파를 얇게 썰어서 올리브유에 볶아.	Slice the onions thinly and stir-fry them in olive oil.
무를 깍둑썰기 했어.	I diced a white radish.
당근을 채 썰어 주세요.	Julienne carrots, please.
감자 껍질 벗기다가 손을 베었어.	I cut my finger while peeling the potatoes.
생강을 강판에 갈아 주세요.	Please grate some ginger.
그는 티스푼으로 커피를 저었다.	He stirred his coffee with a tea spoon.

pour
붓다

blanch
데치다

boil
끓이다, 삶다

steam
찌다

stir-fry
볶다

fry
기름에 부치다, 튀기다, 굽다

grill
석쇠에 굽다

barbecue
숯불에 굽다

roast 오븐이나 불에 굽다
bake 빵을 굽다

SENTENCES TO USE

시금치를 살짝 데치세요.	Blanch spinach a little.
옥수수를 삶아서 먹을 거야.	I'm going to boil the corn and eat it.
준비한 채소들을 중불에서 볶으세요.	Stir-fry prepared vegetables over medium heat.
부침개는 기름을 넉넉히 넣고 부쳐야 맛있어.	Korean pancakes are delicious when you fry them with enough oil.
생선은 석쇠에 구워서 먹는 게 제일 맛이 좋아.	Fish tastes best when you grill it.
집에서 마들렌을 처음 구워 본 거예요.	It's my first time baking madeleines at home.

주방 도구, 용기

saucepan
냄비

frying pan
프라이팬

wok
웍

pot
냄비, 솥

colander
체, 소쿠리

bowl
사발

plate
접시

tray
쟁반

jar
잼 등을 담아 두는 병

cutting board
도마

kitchen knife
부엌칼

scissors
가위

peeler
껍질 벗기는 칼

spatula, fish slice
뒤집개

ladle
국자

rice paddle
주걱

SENTENCES TO USE

도마 중에서는 나무로 만든 게 제일 좋아.	Among various cutting boards, a wooden one is best.
부엌칼을 어디서 갈아요?	Where can I sharpen my kitchen knife?
가위는 주방에서 쓸모가 많지요.	Scissors are useful in the kitchen.
껍질 벗기는 칼로 감자를 깠어.	I peeled the potatoes with a peeler.
달걀 프라이 할 때 뒤집개가 필요해?	Do you need a spatula when you fry eggs?
그 주걱으로 밥 좀 퍼.	Scoop rice with that rice paddle.

whisk
거품기

(kitchen) scales
주방 저울

can opener
캔따개

bottle opener
병따개

spoon
숟가락

chopstick
젓가락

kettle
주전자

teacup
찻잔

glass
유리잔

mug
머그잔

apron
앞치마

dishwashing liquid
주방 세제

sponge
(설거지하는) 스펀지

dishcloth, dishtowel, dishrag
행주

SENTENCES TO USE

주방에 저울이 있으면 유용해.	Scales in the kitchen are useful.
병따개 좀 줄래요?	Could you give me the bottle opener?
그 애는 젓가락 사용이 서툴러.	He's not good at using chopsticks.
앞치마를 두르고 일해. 안 그러면 옷 버려.	Work with an apron on. Otherwise, your clothes will get dirty.
우리 엄마는 천연 주방 세제를 쓰셔.	My mother uses natural dishwashing liquid.
나는 행주를 자주 소독해.	I often disinfect the dishtowel.

UNIT 8 맛

동사

dine 식사하다
taste 맛보다
chew 씹다
swallow 삼키다
bite 이로 베어 물다
sip 홀짝이다, 조금씩 마시다
gulp 벌컥벌컥 마시다

형용사

delicious, tasty, yummy, savory 맛있는, 맛 좋은
sweet 달콤한
salty 짠
hot 매운
sour 신

SENTENCES TO USE

싱겁지 않은지 맛 좀 봐.	Taste it to see if it is bland.
음식을 충분히 씹으셔야 해요.	You should chew your food enough.
약 삼킬 때 조심해.	Be careful when you swallow medicine.
오늘 짠 음식을 많이 먹었어요.	I ate a lot of salty food today.
나는 매운 음식 잘 먹어요.	I have no problem with hot and spicy food.
임신하면 신 음식이 먹고 싶니?	Do you want to eat sour food when you're pregnant?

sweet-and-sour
새콤달콤한

bitter
쓴

spicy
양념 맛이 강한, 매운

bland
싱거운, 담백한

oily, greasy
기름진, 느끼한

fishy
비린

crunchy, crispy
바삭바삭한

chewy
질긴

mild
맛이 순한, 부드러운

strong
향이 강한, 음료가 진한

iced
얼음을 넣은

sparkling, carbonated
탄산이 든

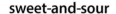

SENTENCES TO USE

새콤달콤한 음식이 먹고 싶어.   I'd like to eat sweet-and-sour food.

이 음식에서 쓴맛이 나지 않아?   This food tastes bitter, doesn't it?

나는 기름진 음식을 먹으면 설사를 해.   I have loose bowels when I eat greasy food.

나는 비린 음식을 잘 못 먹어.   I find it hard to eat fishy food.

이 채소 튀김 엄청 바삭바삭해.   This fried vegetable is so crispy.

얼음을 넣은 커피 한 잔 줘.   Give me a cup of iced coffee.

9 외식

make a reservation 예약하다

order 주문하다

pay the check 계산하다

go[do] Dutch 비용을 각자 부담하다

dine together 식사를 함께하다, 회식하다

treat 한턱내기

treat somebody to lunch/dinner 점심을/저녁을 한턱내다

takeout (food) 포장(테이크아웃) 음식

~ to go ~(음식)을 포장해 가는

SENTENCES TO USE

중식당에 예약을 했어요.	I made a reservation at a Chinese restaurant.
지금 주문해도 될까요?	May I order now?
그날은 비용 각자 내고 먹었어.	We went Dutch that day.
이번 주 목요일에 우리 팀 회식 있어.	Our team will dine together this Thursday.
오늘 저녁은 내가 살게.	I'll treat you to dinner tonight.
치즈 피자 라지 사이즈 하나 포장해 주세요.	One large cheese pizza to go, please.

café
카페

restaurant
식당

bar
술집

fast food restaurant
패스트푸드 식당

buffet
뷔페

cafeteria
카페테리아(셀프서비스 식당), 구내식당

food stall 음식 노점, 포장마차
food truck 푸드 트럭
course meal 코스 요리
appetizer 애피타이저
main course, entrée 주요리
dessert 디저트, 후식
today's special 오늘의 특별 요리
chef's special 주방장 스페셜 요리

SENTENCES TO USE

오늘은 패스트푸드 식당에서 점심 먹었어.	I had lunch at a fast food restaurant today.
뷔페에 가면 항상 과식을 해.	I always overeat at the buffet.
축제에는 포장마차도 많이 있어.	There are many food stalls at the festival.
푸드 트럭 본 적 있어?	Have you ever seen a food truck?
오늘의 주요리는 뭐야?	What's the main course of the day?
주방장 스페셜 요리로 하자.	Let's have a chef's special.

CHAPTER

5

주거

Housing

주거 전반

build a house
집을 짓다

go house hunting
집을 보러 다니다

lease[rent] a house
집을 빌리다

buy[purchase] a house
집을 사다

move
이사하다

move in/out
이사 들어가다/나가다

get[take out] a loan
대출을 받다

get[take out] a mortgage (loan)
담보대출을 받다

real estate agency
부동산 중개업소

real estate agent
부동산 중개업자

SENTENCES TO USE

요즘 주말마다 집을 보러 다니고 있어. | These days, I go house hunting every weekend.

걔는 은행에서 대출을 받아서 집을 샀대. | She took out a loan from a bank and bought a house.

부동산에서 집 몇 개를 추천해 줬어요. | The real estate agent recommended me several houses.

그 사람은 원룸에 살아. | He lives in a studio.

그 아파트는 가구가 다 비치되어 있어. | The apartment is fully furnished.

세입자가 월세를 몇 달째 안 준다고? | Your tenant hasn't paid the monthly rent for months?

townhouse
타운하우스(수직 공간을
한 집이 쓰는 연립 주택)

mansion
대저택

apartment
아파트

studio 원룸
furnished 가구가 비치된, 풀옵션의 (↔ **unfurnished**)
rented house 셋집
deposit 보증금
rent 집세, 방세 (**monthly rent** 월세)
landlord, landlady 집주인, 임대인
tenant, renter 세입자, 임차인

전세
이제는 잘 알려져 있지만, 전세 제도는 전 세계에서 우리나라에만 있습니다. 전세 관련 표현을
영어로 나타낸다면 전세금은 (security) deposit, key money라고 할 수 있고, 전셋집은
a house leased[rented] on deposit[key money] basis라고 표현할 수 있습니다. '전세로
집을 빌리다'는 'lease[rent] a house on a deposit[key money] basis'라고 할 수 있겠네요.

2 집 외부, 내부

집 외부

rooftop
옥상

roof
지붕

balcony
발코니, 베란다

attic
다락

upstairs
위층

fence
울타리

yard 마당, 뜰 /
garden 정원

front door
현관문

* **doorbell** 초인종
* **postbox** 우편함

lawn
잔디밭

downstairs
아래층

basement
지하실

garage 차고 /
parking space
주차장, 주차 공간

SENTENCES TO USE

우리는 옥상에서 식물을 많이 키워.	We grow a lot of plants on our rooftop.
발코니가 없는 집은 고려 안 해요.	I don't consider a house without a balcony.
내 방은 위층에 있어.	My room is on the upstairs.
정원 있는 집에 사는 게 우리 엄마 꿈이야.	My mom's dream is to live in a house with a garden.
그 집은 주차 공간이 있어.	The house has a parking space.
지하실에 여러 가지 물건을 보관하고 있어.	I keep a lot of things in the basement.

집 내부

master bedroom
안방, 제일 큰 방

bathroom **study** **storage room**
욕실 서재 창고

bedroom 침실, 방

ceiling
천장

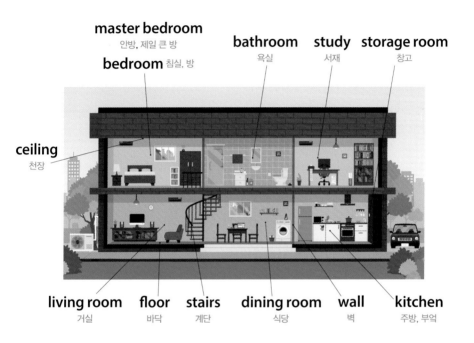

living room **floor** **stairs** **dining room** **wall** **kitchen**
거실 바닥 계단 식당 벽 주방, 부엌

SENTENCES TO USE

그 집은 방이 몇 개예요?	How many bedrooms does the house have?
그들은 저녁마다 거실에 다 같이 모여 TV를 봐요.	They get together in the living room and watch TV every evening.
주방에 냉장고가 두 대 있어.	There are two refrigerators in the kitchen.
우리 욕실에는 욕조가 없어요.	We don't have a bathtub in our bathroom.
천장에 별 모양 스티커를 많이 붙였어요.	I put a lot of star-shaped stickers on the ceiling.
바닥은 매일 걸레질을 해요.	I mop the floor every day.

UNIT 3 가구, 가전제품

 가구

wardrobe
옷장

built-in wardrobe, closet
붙박이장

dresser, chest of drawers
서랍장

dressing table
화장대

bed
침대

bedside table
침대 옆 탁자

couch, sofa
소파

bookcase
책장

(dining) table
식탁

shoe closet, shoe shelf
신발장

＊욕실 설비

toilet 변기
bathtub 욕조
shower 샤워기

SENTENCES TO USE

새 아파트에는 붙박이장이 있어.	The new apartment has a built-in wardrobe.
서랍장 하나 더 사야겠어.	I need to buy another chest of drawers.
이 소파 정말 편하다!	This sofa is really comfortable!
책장이 세 개 있는데도 책 넣으려면 부족해.	There are three bookcases, but they're not enough for my books.
신발장 직접 만든 거야?	Did you make your own shoe closet?
우리 욕실에는 작은 욕조가 있어.	There's a small bathtub in my bathroom.

dresser vs. chest of drawers
둘 다 서랍장을 가리키지만, dresser는 보통 서랍장 위에 거울이 있는 형태입니다.
drawer는 서랍 하나를 가리키고, 서랍장은 chest of drawers입니다.

light
조명, 전등

television
텔레비전

vacuum cleaner
진공청소기

robot vacuum cleaner 로봇 청소기

air conditioner
에어컨

electric fan
선풍기

desktop computer
데스크톱 컴퓨터

laptop (computer)
노트북 컴퓨터

washing machine
세탁기

dryer
(의류) 건조기

SENTENCES TO USE

불 좀 켜고 책을 읽지 그래?
Why don't you turn on the light and read a book?

요즘 에어컨은 옛날처럼 전기료가 많이 나오진 않아.
Today's air conditioners don't use as much electricity as they used to.

이 노트북은 5년 된 거야.
This laptop is five years old.

가사 노동 시간을 제일 많이 줄여준 건 세탁기예요.
It's the washing machine that cut the housework time the most.

top loading vs. front loading
세탁기는 크게 통돌이 세탁기와 드럼 세탁기가 있지요. 영어로는 그 두 가지를 어떻게 표현할까요? 통돌이 세탁기는 세탁물을 위쪽으로 넣습니다. 그래서 top loading washing machine 이라고 합니다. 한편, 드럼 세탁기는 세탁물을 앞에서 넣습니다. 그래서 front loading washing machine이라고 합니다. 재미있는 작명이지요?

iron
다리미

outlet
전기 코드 구멍, 콘센트

sewing machine
전기 재봉틀

hair dryer
헤어드라이어

remote control
리모컨

electric razor
전기면도기

humidifier
가습기

dehumidifier
제습기

air cleaner, air purifier
공기 청정기

radiator
라디에이터, 방열기

SENTENCES TO USE

겨울엔 너무 건조해서 가습기를 틀어야 해요.   It's so dry in winter that I have to turn on the humidifier.

요즘은 공기 청정기 있는 집이 많지.   These days, there are many houses with an air cleaner.

turn on/off ~ 켜다/끄다
가전제품을 '켜다'는 turn on ~, '끄다'는 turn off ~라고 표현합니다.

Let's turn on the air conditioner. It's so hot in here.
에어컨 켜자. 여기 너무 더워.
I think you can turn off the air purifier now.
이제 공기 청정기 꺼도 될 것 같아.

주방 가구/가전

MP3 046

kitchen cabinet
찬장
sink 싱크대

refrigerator
냉장고
freezer 냉동고

kitchen stove, gas stove
가스레인지

induction stove, induction cooktop
인덕션

oven
오븐

kitchen hood, range hood
레인지 후드

microwave
전자레인지

electric rice cooker
전기밥솥

dishwasher
식기세척기

toaster
토스터

coffee maker
커피메이커

blender
믹서

electric kettle
전기 주전자

water purifier
정수기

trash can
쓰레기통

SENTENCES TO USE

얼마 전에 집에 인덕션을 설치했어.
I recently installed an induction stove at my house.

한국에서도 식기세척기 쓰는 집들이 많이 늘고 있어.
More and more homes are using dishwashers in Korea.

친구한테 생일 선물로 커피메이커를 받았어.
A friend of mine gave me a coffee maker for my birthday.

water dispenser vs. water purifier
사무실이나 관공서에서 흔히 사용하는, 생수통을 위에 얹어두고 냉수와 온수를 받아 마실 수 있게 되어 있는 기기를 우리말로는 보통 '정수기'라고 부릅니다. 하지만 그런 기기는 영어로 water dispenser라고 합니다. '급수기' 정도로 번역할 수 있겠죠. 수돗물을 깨끗하게 정수해 주는 기계인 정수기는 영어로 water purifier입니다.

115

인테리어, 집수리, 청소

remodel[renovate] the house
집을 개조[보수]하다

repair the house
집을 수리하다(망가진 곳을 수리하다)

paint the house/a room
집/방에 페인트칠을 하다

unblock[clear, unclog] the drain[sewer]
막힌 하수구를 뚫다

change a light bulb
전구를 갈다

decorate[redecorate] the interior of ~ ~의 인테리어를 하다[새로 하다]
repaper the walls 도배를 새로 하다
redo the floors 바닥을 새로 깔다
repaint the cabinets 찬장을 새로 칠하다
unclog the toilet 막힌 변기를 뚫다

SENTENCES TO USE

집을 개조하는 데 두 달 걸렸어.	It took us two months to renovate the house.
배관공을 불러서 막힌 하수구를 뚫었어.	I called a plumber and had him unblock the drain.
너는 전구 가는 것도 못하니?	Can't you change the light bulb yourself?
돈 많이 들여서 집 인테리어 새로 했잖아.	I spent a lot of money decorating the interior of my house.
이사 갈 집은 도배만 새로 하면 돼요.	All you have to do for the house when you move in is to repaper the walls.
마룻바닥을 새로 깔아야 할 것 같아요.	I think we need to redo the floor.

MP3 047

청소/세탁 용품

vacuum cleaner
진공청소기

cleanser
(청소) 세제

mop
대걸레

rag
걸레

broom
빗자루

dustpan
쓰레받기

garbage bag
쓰레기봉투

trash can
쓰레기통

washing machine
세탁기

dryer
(의류) 건조기

laundry basket
세탁물 바구니

laundry detergent
세탁 세제

fabric[fiber] softener
섬유 유연제

clothespin
빨래집게

drying rack
빨래 건조대

SENTENCES TO USE

진공청소기가 고장 났어.	The vacuum cleaner is broken.
대걸레로 바닥을 잘 닦아야 해.	You should wipe the floor well with a mop.
걸레로 창턱 좀 닦아.	Wipe the windowsill with a rag.
종량제 쓰레기봉투를 사용해야 합니다.	You must use a standard plastic garbage bag.
섬유 유연제를 꼭 써야 하나?	Do I have to use fabric softener?
나는 빨래 건조대에 빨래를 널어.	I hang clothes on a drying rack.

CHAPTER

6

인간관계

Relationship

다양한 인간관계

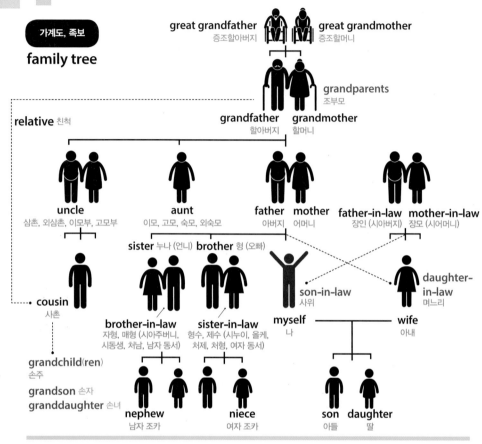

가계도, 족보

family tree

great grandfather 증조할아버지
great grandmother 증조할머니

grandparents 조부모

relative 친척

grandfather 할아버지
grandmother 할머니

uncle
삼촌, 외삼촌, 이모부, 고모부

aunt
이모, 고모, 숙모, 외숙모

father 아버지
mother 어머니

father-in-law 장인 (시아버지)
mother-in-law 장모 (시어머니)

sister 누나 (언니) brother 형 (오빠)

cousin 사촌

brother-in-law
자형, 매형 (시아주버니, 시동생, 처남, 남자 동서)

sister-in-law
형수, 제수 (시누이, 올케, 처제, 처형, 여자 동서)

son-in-law 사위

daughter-in-law 며느리

myself 나

wife 아내

grandchild(ren) 손주

grandson 손자
granddaughter 손녀

nephew 남자 조카

niece 여자 조카

son 아들
daughter 딸

SENTENCES TO USE

그의 증조할아버지는 독립운동을 하셨어요.	His great grandfather took part in the independence movement.
내 조카는 대학생이야.	My niece is a college student.
저희 시어머니는 90대이지만 아주 건강하세요.	My mother-in-law is in her 90s, but she is very healthy.
그분은 새아버지이지만 친아버지만큼 좋은 분이셔.	He is my stepfather, but he is as good as a real father.
그 여자는 내 직장 동료야.	She is my coworker.
그 애와 나는 같은 학교 친구일 뿐이야.	He and I are just schoolmates.

stepmother
새어머니, 계모

stepfather
새아버지, 계부

stepsister
아버지나 어머니가 다른 여자 형제, 의붓자매

stepbrother
아버지나 어머니가 다른 남자 형제, 의붓형제

single parent 한 부모
(**single father** 편부. **single mother** 편모)

* **sibling** 형제자매
* **twins** 쌍둥이
* **triplets** 세쌍둥이

---

friend, buddy 친구
acquaintance 아는 사람, 지인
colleague, coworker 동료
schoolmate 같은 학교 친구, 학우
classmate 같은 반 친구, 급우
roommate 룸메이트
partner 동업자, 애인, 사업 파트너

---

in-laws
in-law는 인척, 즉 결혼에 의해 맺어진 친척을 가리킵니다. 결혼을 해서 법적으로 친척이
되었으니 in-law라고 부르는 것이겠죠. 사돈, 시가, 처가도 모두 in-laws라고 말할 수 있습니다.

colleague vs. coworker
colleague와 coworker는 모두 '동료'라고 번역할 수 있습니다. 그러나 두 단어 사이에는
차이가 있습니다. colleague는 같은 직종에, 특히 같은 전문직에 종사하는 사람을 가리키고,
coworker는 같은 회사에서 일하는 직위가 비슷한 사람을 가리킵니다.

2 교제, 관계

introduce 소개하다
get to know ~를 알게 되다
get acquainted with ~와 안면을 익히다, 친해지다
make friends with, get to be friends with ~와 친해지다
get along with, get on well with, be on good terms with
~와 잘 지내다, 사이가 좋다
hang out with ~와 시간을 보내다
be sociable, be outgoing 사교적이다
be shy, be shy of strangers 낯을 가리다
visit, call on ~를 방문하다
have good manners 예의가 바르다
have no manners 예의가 없다, 무례하다

SENTENCES TO USE

나는 그 애를 런던에서 알게 되었어.	I got to know him in London.
그 애들은 중학교 때 친해졌어.	They made friends with each other when they were in middle school.
우진이는 사람들하고 잘 지내.	Woojin gets along well with people.
지유는 엄청나게 사교적이야.	Jiyu is very sociable.
저는 낯을 가려서요.	I'm shy of strangers.
그 사람은 왜 그렇게 예의가 없어?	He really has no manners.

fall out with ~와 사이가 나빠지다, 사이가 틀어지다
talk about someone behind one's back ~의 뒤에서 험담하다
argue with, have an argument with ~와 말다툼하다
quarrel with ~와 다투다, 싸우다
fight with ~와 치고받고 싸우다

---

make up with, reconcile with ~와 화해하다

SENTENCES TO USE

너 그 애하고 사이 틀어졌어?   Did you fall out with him?

나는 사람들하고 말다툼하는 게 싫어.   I don't like to argue with people.

너희 아직 화해 안 했어?   Have you guys made up yet?

argue, quarrel, fight

argue. quarrel. fight 모두 크게 보아서 '싸우다'라는 의미를 갖고 있습니다. 그러나 세 단어에
는 차이가 있습니다.

- argue : '언쟁하다, 말다툼하다'라는 의미로, 싸움까지는 아니더라도 말로 무언가에 대해 논쟁
  을 할 때 씁니다.
- quarrel : argue보다 격한 감정 상태로 말다툼을 하는 것을 가리킵니다. 실제로 말로 싸움을
  하는 것을 가리키죠.
- fight : 신체적 폭력까지 써 가며 싸우는 것을 가리킵니다.

연애, 결혼

연애

have[go on] a blind date 소개팅을 하다
have a crush on ~에게 반하다
fall in love with ~와 사랑에 빠지다
fall in love at first sight with ~와 첫눈에 사랑에 빠지다
ask someone out (on a date) ~에게 데이트 신청을 하다
have a date with ~와 데이트를 하다
see, date, go out with ~와 데이트하다, 사귀다
be in a relationship 연애하다
be in a romantic relationship with ~와 사귀다, 연애하다
break up with (사귀던 사이에) ~와 헤어지다

SENTENCES TO USE

그 애는 주말마다 소개팅을 해.	He has a blind date every weekend.
신디는 그 남자한테 반한 게 틀림없어.	Cindy must have a crush on the man.
두 사람은 첫눈에 사랑에 빠졌어요.	The two fell in love at first sight.
그 여자한테 데이트 신청했어?	Did you ask her out?
사귀는 사람 있어요?	Are you seeing anyone?
그 두 사람 헤어졌대요.	They say the two of them broke up.

결혼, 이별, 사별

propose to
~에게 청혼하다

get engaged to
~와 약혼하다

bride
신부

get married to
~와 결혼하다

groom, bridegroom
신랑

engagement 약혼
fiancé 약혼남/**fiancée** 약혼녀
wedding 결혼식
love marriage 연애결혼
arranged marriage 중매결혼
matchmaker 중매인
be married 기혼이다

SENTENCES TO USE

제가 남자친구한테 청혼했어요.	I proposed to my boyfriend.
신랑이 엄청 긴장했네요.	The groom is very nervous.
나는 12년 전에 결혼했어요.	I got married 12 years ago.
그 사람은 내 약혼자예요.	He is my fiancé.
결혼식은 생략하고 싶어요.	I'd like to skip the wedding.
연애결혼 했어요, 중매결혼 했어요?	Did you have a love marriage or an arranged marriage?

hold a wedding reception 결혼 피로연을 열다

go on one's honeymoon 신혼여행을 가다

go to ~ for one's honeymoon 신혼여행을 ~로 가다

have an affair with ~와 바람을 피우다

cheat on ~를 속이고 바람을 피우다

get divorced 이혼하다

divorce 이혼

---

lose one's wife/husband, be widowed 아내/남편을 잃다
widow 남편이 죽은 여성
widower 아내가 죽은 남성

 비혼

be single, be unmarried, be not married 독신[비혼]이다
live single[unmarried] 독신[비혼]으로 지내다
remain single[unmarried] 독신[비혼] 상태를 유지하다

SENTENCES TO USE

신혼여행은 남프랑스로 가고 싶어요.
I'd like to go to southern France for my honeymoon.

남자가 바람을 피웠어?
Did the man cheat on her?

그 배우는 또 이혼했대.
The actress got divorced again.

그녀는 5년 전에 사고로 남편을 잃었어요.
She lost her husband in an accident five years ago.

나는 비혼이에요.
I am single.

평생 독신으로 살 거야?
Are you going to live unmarried for the rest of your life?

I'd like to go to
southern France for
my honeymoon.

CHAPTER

7

건강

Health

생리 현상

 pulse
맥박, 맥박 치다

 **one's heart beats** 심장이 뛰다
heart beat 심장 박동
heart rate 심장 박동수

 **breathe**
숨 쉬다, 호흡하다
breath 숨, 호흡

 **shiver**
몸을 떨다

 **sweat**
땀, 땀 흘리다

 bleed
피를 흘리다
blood 피

 blood pressure
혈압

 **blood sugar**
혈당

SENTENCES TO USE

의사가 환자의 맥박을 쟀다.	The doctor measured the patient's pulse.
심장 박동수가 1분에 50번이 안 돼요.	His heart rate is less than 50 beats per minute.
미세먼지 때문에 숨 쉬기가 힘들었어.	It was hard to breathe because of the fine dust.
그 남자는 뜨거운 음식을 먹을 때 땀을 많이 흘려.	The man sweats a lot when he eats hot food.
혈압이 몇이 정상이에요?	What's the normal blood pressure?
공복 혈당이 140이 넘으면 당뇨야.	If your fasting blood sugar is over 140, you're diabetic.

digest 소화하다 (**digestion** 소화)
absorb 흡수하다 (**absorption** 흡수)
secrete 분비하다 (**secretion** 분비물)
go to the bathroom[toilet], relieve oneself[nature], do one's needs
볼일을 보다, 대소변을 보다

pee, take a pee
소변을 보다
urine, pee 소변

**move one's bowels,
poop, defecate**
대변을 보다
poop, feces, excrement 대변

fart, break wind
방귀를 뀌다
hold in (one's) fart
방귀를 참다

burp
트림하다
hold in a burp
트림을 참다

vomit, throw up
토하다

SENTENCES TO USE

위와 장 등 여러 기관이 소화를 담당합니다.	The stomach, intestines and other organs are responsible for digestion.
옥시토신은 뇌하수체에서 분비됩니다.	Oxytocin is secreted by the pituitary gland.
볼일이 급해요.	I'm in a hurry to go to the bathroom.
나는 밖에서는 대변을 못 봐.	I can't poop outside my house.
방귀를 참을 수가 없었어.	I couldn't hold in my fart.
사람들 앞에서는 트림을 참아야지.	You have to hold in a burp in front of people.

UNIT 2 영양, 식습관

nutrition
영양, 영양 섭취, 음식물

carbohydrate
탄수화물

protein
단백질

fat
지방

saturated fat
포화 지방

unsaturated fat
불포화 지방

dietary fiber
식이 섬유

cholesterol
콜레스테롤

vitamin 비타민
mineral 미네랄
iron 철분
sugar 당, 설탕
nutritious 영양가 높은
nutrient 영양소, 영양분
essential nutrient 필수 영양소

SENTENCES TO USE

나는 탄수화물을 너무 많이 먹어. 좀 줄여야 해.
I eat too many carbohydrates. I need to cut down on them a little.

단백질은 동물성과 식물성이 있어요.
There are animal protein and vegetable protein.

포화 지방은 몸에 안 좋으니 너무 많이 먹으면 안 돼.
Saturated fat is bad for your body, so you shouldn't eat it too much.

비타민과 미네랄을 보조제로 섭취하는 사람들이 많아요.
Many people take vitamins and minerals through supplements.

맛도 좋고 영양가도 높은 음식을 먹어야 해.
You should eat tasty and nutritious foods.

필수 영양소에는 어떤 게 있어?
What are the essential nutrients?

cut down on ~을 줄이다
processed food 가공식품
high in ~가 높은
low in ~가 낮은
calorie-controlled diet 열량 제한 식단
balanced diet 균형 잡힌 식이
vegetarian 채식주의자
overeat 과식하다
go on a diet 다이어트를 시작하다
be on a diet 다이어트 중이다
fast 단식하다
skip a meal 식사를 거르다

SENTENCES TO USE

짜고 기름진 음식을 좀 덜 먹어야 해.	We have to cut down on salty and greasy food.
굴에는 철분이 많이 들어 있어.	Oysters are high in iron.
균형 잡힌 식이를 하는 게 중요합니다.	It's important to have a balanced diet.
그 가수는 채식주의자래.	They say the singer is a vegetarian.
그 애는 일 년 내내 다이어트 하는 거 아냐?	Isn't she on a diet all year long?
단식하는 게 몸에 좋을까, 좋지 않을까?	Would fasting be good for your body or not?

운동, 건강관리

work out, exercise
운동하다

warm up
준비 운동을 하다
stretch 스트레칭하다

jog 조깅하다
run 달리기하다

go to the gym
체육관[헬스클럽]에 다니다

go swimming
수영하러 가다

do aerobics
에어로빅을 하다

do weight training
근력 운동을 하다

do squats
스쿼트를 하다

do sit-ups
윗몸 일으키기를 하다

do push-ups
팔 굽혀 펴기를 하다

do circuit training
순환 운동을 하다

SENTENCES TO USE

건강 생각해서 제발 운동 좀 해.	Please exercise for your health.
일하는 틈틈이 스트레칭을 하세요.	Stretch while you work.
나는 일주일에 세 번씩 헬스클럽에 가.	I go to the gym three times a week.
중년 이후에는 근력 운동을 꼭 해야 합니다.	From middle age, we should do weight training.
나는 스쿼트를 매일 해.	I do squats every day.
팔 굽혀 펴기를 몇 번이나 할 수 있어?	How many push-ups can you do?

jump rope
줄넘기를 하다

do[practice] yoga
요가를 하다

do Pilates
필라테스를 하다

meditate
명상하다

get a massage
마사지를 받다

watch one's weight 체중을 조절하다
lose weight 체중을 줄이다, 살을 빼다, 살이 빠지다
gain weight 체중을 늘리다, 살을 찌우다, 살이 찌다
stop[quit] smoking 담배를 끊다
stop[quit] drinking 술을 끊다

SENTENCES TO USE

그 친구는 요가를 10년째 하고 있어.   She's been doing yoga for 10 years.

나는 살을 빼야 해. 5킬로그램 정도.   I have to lose weight. About 5 kilograms.

그는 암 수술 후 담배와 술을 끊었어요.   He quit smoking and drinking after cancer surgery.

> **gym 헬스클럽**
> - personal trainer, fitness instructor : 퍼스널 트레이너
> - hire a personal trainer : 퍼스널 트레이닝을[PT를] 받다
> - treadmill: 러닝머신
> - weight : 역기
> - exercise bike : 실내 운동용 자전거
> - rowing machine : 로잉 머신(노젓기 운동을 하는 기구)

질병, 상처

ache (몸 전체, 머리, 마음 등이) 아프다
hurt, be painful (어떤 부위가) 아프다
have pain in ~가 아프다, ~에 통증이 있다

be sick, be ill
몸이 아프다

have a fever
열이 있다

have[feel] a chill
오한이 나다

feel dizzy
어지럽다

bleed
피가 나다, 피를 흘리다

be itchy
가렵다

be sore
(염증이나 상처가) 아프다

be swollen
붓다

vomit, throw up
토하다

SENTENCES TO USE

운동을 오래 했더니 온몸이 쑤셔.	I exercised for a long time, and I ache all over.
난 무릎이 아파서 오래 못 걸어.	My knee is so painful I cannot walk long.
열이 있고 오한이 나.	I have a fever and a chill.
눈이 가렵고 충혈됐어.	My eyes are itchy and bloodshot.
오늘 몇 시간 동안 서 있었더니 다리가 부었어.	My legs are swollen since I've been standing for hours today.
그 애가 먹은 걸 다 토했어.	He threw up everything he ate.

MP3 055

have a headache
머리가 아프다, 두통이 있다

have a backache
허리가 아프다

have a stomachache
배가 아프다

catch[have] a cold
감기에 걸리다

have a flu
독감에 걸리다

have a runny nose
콧물이 나다

cough
기침하다

sneeze
재채기하다

have a sore throat
목이 아프다

have[get] diarrhea, have loose bowels
설사하다

have a bloody nose
코피가 나다

have an allergy to, be allergic to
~에 알레르기가 있다

SENTENCES TO USE

머리가 아파서 진통제를 먹었어.
I took a painkiller because I had a headache.

우리 엄마는 허리가 아파서 자주 침을 맞아.
My mom has a backache and often gets acupuncture.

일 년에 한 번은 감기에 걸리는 것 같아요.
I think I catch a cold once a year.

며칠째 기침하고 목이 아파.
I've been coughing and have had a sore throat for a few days.

나는 우유만 마시면 설사를 해.
I have diarrhea whenever I drink milk.

그 애는 달걀 알레르기야.
He's allergic to eggs.

137

disease 질병, 병, 질환
chronic disease 만성 질환
illness, sickness 병, 아픔
disorder (심신 기능의) 장애
symptom 증상
infection 감염, 전염병
germ 세균
virus 바이러스
inflammation 염증
bleeding 출혈
rash 발진, 두드러기
blister 물집, 수포

SENTENCES TO USE

인간이 정복하지 못한 질병이 아직 많아요.	There still are many diseases that man has not conquered.
자폐증은 잘 알려진 발달 장애지.	Autism is a well-known developmental disorder.
천식은 증상이 뭐야?	What are the symptoms of asthma?
감염을 막으려면 손을 잘 씻는 게 중요합니다.	It is important to wash your hands thoroughly to prevent infection.
이 약은 열을 내리고 염증을 완화시킵니다.	This medicine reduces a fever and relieves inflammation.
식중독으로 온몸에 두드러기가 났어.	I have a rash all over my body from food poisoning.

사고, 상처

get injured, get hurt, be wounded 다치다, 부상을 입다
have a car accident 자동차 사고를 당하다
get hurt from a fall 넘어져서 다치다
get a bruise 멍이 들다, 타박상을 입다
get a scar 흉터가 생기다
have[suffer] burns 화상을 입다
get a cut on ~가 (칼에) 베이다
sprain one's ankle 발목을 삐다
wear a cast 깁스를 하다

SENTENCES TO USE

내 친구 하나는 자전거를 타다가 다쳤어.	A friend of mine got hurt while riding a bike.
걔는 자동차 사고를 당해서 입원했어.	He was hospitalized in a car accident.
넘어져서 다리에 멍이 들었어.	I fell and got a bruise on my leg.
그는 어려서 화상을 입었어요.	He suffered burns when he was a child.
요리하다가 손가락을 베였어.	I got a cut on my finger while I was cooking.
지수는 발목을 삐어서 깁스를 했어.	Jisu sprained her ankle and wore a cast.

각종 질병

addiction 중독
anemia 빈혈
appendicitis 맹장염
arthritis 관절염
atopy 아토피
brain tumor 뇌종양
cavity 충치
constipation 변비
depression 우울증
enteritis 장염
gastritis 위염
heart disease 심장병
high blood pressure 고혈압
indigestion 소화 불량
insomnia 불면증
malignant tumor 악성 종양
mental disorder 정신 장애
migraine 편두통
osteoporosis 골다공증
periodontitis 치주염
shingles, herpes zoster 대상포진
stomach ulcer 위궤양
tonsillitis 편도선염

alcoholism 알코올 의존증
angina 협심증
arrhythmia, an irregular pulse 부정맥
asthma 천식
benign tumor 양성 종양
cancer 암
cold 감기
dementia 치매
diabetes 당뇨병
food poisoning 식중독
heart attack 심장 발작, 심장 마비
hemorrhoids, piles 치질
hyperlipidemia 고지혈증
influenza, flu 독감
leukemia 백혈병
measles 홍역
mental illness 정신 질환
myocardial infarction 심근경색
panic disorder 공황장애
pneumonia 폐렴
slipped disc 디스크
stroke 뇌졸중
tuberculosis 결핵

암

brain cancer 뇌암
laryngeal cancer 후두암
oral cancer 구강암
tongue cancer 설암
thyroid cancer 갑상선암
esophagus cancer 식도암
lung cancer 폐암
breast cancer 유방암
stomach cancer, gastric cancer 위암
liver cancer 간암
gallbladder cancer 담낭암, 쓸개암
renal cancer 신장암
pancreatic cancer 췌장암
uterine cancer 자궁암
ovarian cancer 난소암
prostate cancer 전립선암
colorectal cancer 대장암
rectal cancer 직장암
acute myeloid leukemia 급성 골수성 백혈병
blood cancer 혈액암
skin cancer 피부암

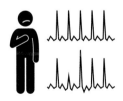

5 병원, 치료, 약

go to the doctor,
go see a doctor
병원에 가다, 의사의 진찰을 받다

examine 검사하다, 진찰하다

be treated,
get treatment
치료를 받다

heal
치유되다, 낫다

recover from
~에서 회복하다

have[get] a shot
[an injection]
주사를 맞다

be prescribed
medicine
약을 처방받다

get an IV
링거 주사를 맞다

have[take] a blood test 혈액 검사를 받다
have[take] a urine test 소변 검사를 받다

SENTENCES TO USE

며칠째 기침하잖아. 병원에 가 봐.	You've been coughing for days. You should go see a doctor.
그는 지병 때문에 오랫동안 치료를 받아 왔어요.	He has been treated for a long time because of a chronic disease.
그 상처가 낫는 데는 몇 주가 걸렸어.	It took several weeks for the wound to heal.
병원 가서 주사 맞으면 금방 나을 거야.	If you go to the hospital and get a shot, you'll be well soon.
편두통 때문에 병원에서 약을 처방받았어.	I was prescribed medicine at the hospital for migraine.
혈액 검사와 소변 검사를 했어.	I had a blood test and a urine test.

have[take, get] an X-ray
엑스레이를 찍다

do a CT scan
CT 촬영을 하다

do an MRI
MRI 촬영을 하다

have physical therapy
물리 치료를 받다

have surgery [an operation]
수술을 받다

get[have, take] a medical check-up[medical examination]
건강 검진을 받다

enter a hospital, be hospitalized 입원하다
leave a hospital 퇴원하다

SENTENCES TO USE

흉부 엑스레이 찍어 봤어요?	Have you ever had a chest X-ray?
그 사람은 심장 판막 수술을 받았어요.	She had heart valve surgery.
저는 2년에 한 번씩 건강 검진을 받아요.	I get a medical check-up every second year.

다양한 진료과

internal medicine 내과	surgery 외과
pediatrics 소아청소년과	obstetrics 산과, gynecology 부인과
neurology 신경과	neurosurgery 신경외과
psychiatry 정신건강의학과	dermatology 피부과
orthopedics 정형외과	plastic surgery 성형외과
ophthalmology 안과	otolaryngology 이비인후과
dental clinic, dentist's 치과	oriental medical clinic 한의원

hospital 병원(병상을 갖춘 종합병원)
clinic 개인[전문] 병원, 의원
physician 내과 의사
surgeon 외과 의사
patient 환자
ambulance 구급차
stethoscope 청진기
thermometer 체온계
ER(emergency room) 응급실
ICU(intensive care unit) 중환자실
doctor's office, examining room 진료실
operating room 수술실
patient's room 입원실
sick ward 입원 병동

SENTENCES TO USE

근처에 치과가 있을까요?	Is there a dental clinic nearby?
외과 의사는 수술을 하는 의사죠.	Surgeons are doctors who perform surgeries.
5분마다 구급차가 응급 환자를 싣고 왔어요.	Every five minutes an ambulance came with an emergency patient.
집에 체온계가 하나쯤은 있는 게 좋지.	You'd better have a thermometer in the house.
간밤에 옆집 사람이 응급실로 실려 갔어.	Last night, my neighbor was taken to the emergency room.
중환자실은 면회가 되나요?	Can I see a patient in the intensive care unit?

MP3 059

약

take medicine 약을 먹다
prescribe a drug 약을 처방하다
pill, tablet 알약
liquid medicine 물약
powder, powdered medicine 가루약
ointment 연고
painkiller 진통제
fever reducer 해열제
digestive medicine 소화제
antiseptic 소독약
pain relief patch 통증 완화 파스
eye drop 안약
sleeping pill 수면제

SENTENCES TO USE

아플 때는 참지 말고 약을 먹어. When you are sick, don't hold back and do take medicine.
어린아이들은 가루약을 잘 못 먹죠. Young children have difficulty taking powdered medicine.
진통제랑 해열제는 가정 상비약이지. Painkillers and fever reducers are household medicines.
수면제 없으면 잠을 못 자요. I can't sleep without sleeping pills.

first aid kit 구급함

adhesive bandage 반창고
cotton pad 솜
antiseptic 소독약
fever reducer 해열제
ointment 연고

bandage 붕대
band-aid 밴드
ice pack (찜질용) 얼음주머니
painkiller 진통제

145

UNIT 6 죽음

die 죽다
pass away 돌아가시다
condole with somebody on the death of ~의 죽음에 대해 …에게 조의를 표하다
offer one's sympathy for the loss of ~를 잃은 데 대해 조의를 표하다
Please accept my sympathy for ~에 조의를 표합니다
the dead[deceased] 고인
corpse 시신
commit suicide, kill oneself 스스로 목숨을 끊다
be brain-dead 뇌사 상태에 빠지다

funeral 장례식
funeral hall 장례식장

SENTENCES TO USE

할아버지께서 돌아가셨어요.	My grandfather passed away.
어머님의 별세에 조의를 표합니다.	Please accept my sympathy for the loss of your mother.
고인은 제 중학교 때 은사님이십니다.	The deceased is my middle school teacher.
그 소설가는 스스로 목숨을 끊었어요.	The novelist committed suicide.
그 사람은 교통사고로 뇌사 상태에 빠졌어.	He was brain-dead in a car accident.
그 정치가의 장례식에는 수많은 사람들이 참석했습니다.	Numerous people attended the politician's funeral.

coffin
관

bury 매장하다
burial 매장

grave, tomb
무덤, 묘
cemetery 묘지

shroud 수의
cremate the body 시신을 화장하다 (**cremation** 화장)
natural burial 수목장
cinerarium 봉안당, 납골당

SENTENCES TO USE

과거에 한국에서는 시신을 매장했어요.	In the past, the body was buried in Korea.
국립묘지에는 어떤 사람들이 묻혀 있어?	What kind of people are buried in the National Cemetery?
한국에서 수의는 주로 명주나 무명, 삼베로 만들어요.	In Korea, a shroud is usually made of silk, cotton, or hemp cloth.
요즘은 보통 시신을 화장합니다.	These days, bodies are usually cremated.
요즘은 점점 더 많은 사람들이 수목장을 선택하지요.	These days, more and more people choose natural burial.
나는 부모님이 계신 봉안당에 몇 달에 한 번씩 가.	I visit the cinerarium where my parents are every few months.

여가, 취미

Leisure & Hobbies

여가 전반

be on vacation 휴가 중이다 / **go on vacation** 휴가를 가다
go camping 캠핑을 가다
go on[have] a picnic 소풍 가다
go to[visit] a museum/(an art) gallery 박물관/미술관에 가다
go to an amusement park/a theme park 놀이공원/테마파크에 가다
go hiking 등산을 가다
go fishing 낚시를 가다
work out, exercise 운동하다
go to the gym 헬스클럽에 다니다 / **work out at the gym** 헬스클럽에서 운동하다
ride a bicycle[bike] 자전거를 타다

SENTENCES TO USE

올여름엔 휴가 언제 가?	When will you go on vacation this summer?
나는 우리 강아지들 데리고 소풍 자주 가.	I often go on picnics with my dogs.
그 사람은 시간 날 때면 미술관에 가요.	He goes to the art gallery whenever he has time.
언제 등산 한번 같이 가자.	Let's go hiking together sometime.
여가 시간에는 헬스클럽에서 운동을 해요.	I work out at the gym in my spare time.
난 강변에서 자전거 타는 걸 좋아해.	I like riding a bike along the river.

do[practice] yoga 요가를 하다

take a walk, go for a walk 산책을 하다

read a book 책을 읽다

join a book club 북클럽 활동을 하다

listen to music 음악을 듣다

go to a concert 콘서트에 가다

watch TV TV를 보다

watch a movie 영화를 보다

go to the movies 영화를 보러 가다

watch[see] a play/a musical/an opera 연극/뮤지컬/오페라를 보다

play the piano/drums/guitar 피아노/드럼/기타를 연주하다

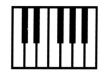

SENTENCES TO USE

시골로 이사 온 후로 매일 아침 산책을 해.	I take a walk every morning since I moved to the country.
지호는 책 읽는 걸 좋아해서 북클럽 활동도 했어요.	Jiho likes reading books, so she also joined a book club.
나는 2018년 봄에 콜드플레이의 한국 콘서트에 갔었어.	I went to Coldplay's concert in Korea in the spring of 2018.
주말엔 영화를 보러 가거나 집에서 TV를 봐요.	On weekends, I go to the movies or watch TV at home.
내 취미? 뮤지컬 보는 거.	My hobby? Watching musicals.
나는 일주일에 한 번씩 드럼을 쳐요.	I play the drums once a week.

take pictures 사진을 찍다

draw, paint 그림을 그리다

make ~ by hand 손으로 무언가를 만들다

make models 프라모델을 만들다

knit 뜨개질을 하다

cook 요리하다

bake bread/cookies 빵/쿠키를 굽다

do gardening 정원을 가꾸다

arrange flowers 꽃꽂이를 하다

keep[raise] a pet 반려동물을 기르다

SENTENCES TO USE

그림을 그리면 마음이 편안해져요.	Painting makes me feel at ease.
그 사람은 나무로 물건을 만드는 걸 좋아해요.	He enjoys making things by hand out of wood.
목도리를 떠서 할머니한테 선물했어.	I knitted a muffler and gifted it to my grandmother.
요즘 내 취미는 빵을 굽는 거야.	My hobby these days is baking bread.
영국 사람들 중에는 정원 가꾸기가 취미인 사람들이 많대요.	They say many British people do gardening as a hobby.
그 가족은 강아지 두 마리와 고양이 세 마리를 키워요.	The family keeps two dogs and three cats.

use social media[SNS] SNS를 하다
watch YouTube videos 유튜브 영상을 보다
write a blog post 블로그에 글을 올리다
learn a foreign language 외국어를 배우다
play mobile games 모바일게임을 하다
play board games 보드게임을 하다
play cards 카드놀이를 하다
sing in a karaoke box[noraebang] 노래방에서 노래하다
go to a club 클럽에 가다
go to a party 파티에 가다

SENTENCES TO USE

퇴근 후에 SNS를 몇 시간은 하는 것 같아.
I think I use social media for a few hours after work.

요즘 아이들은 유튜브를 무척 많이 봐.
Kids watch YouTube videos a lot these days.

저는 블로그에 하루에 적어도 한 번은 글을 올려요.
I write a blog post at least once every day.

그분은 퇴직 후에 취미로 외국어를 배우신대요.
He's learning a foreign language as a hobby after retirement.

하루 종일 모바일 게임만 할 거야?
Are you just going to play mobile games all day?

노래방 가서 노래하면 스트레스가 풀리죠.
If you sing in a karaoke box, you relieve your stress.

2 여행

take[go on] a trip, travel 여행 가다
take[go on] a one-day trip 당일치기 여행을 하다 (**one-day trip, day trip** 당일치기 여행)
go on a package tour 패키지여행을 가다
go sightseeing 관광하다, 관광을 가다
travel domestically 국내 여행을 하다/**domestic travel[trip]** 국내 여행
have[go on] a guided tour 가이드 투어를 하다
travel alone 혼자 여행하다
go on a school trip[an excursion] 수학여행을 가다

**go backpacking,
go on a backpacking trip**
배낭여행을 가다

**travel abroad,
go on an overseas trip**
해외여행을 가다
overseas travel[trip] 해외여행

SENTENCES TO USE

우리 엄마는 패키지여행을 선호하셔.	My mom prefers to go on a package tour.
나는 국내 여행을 자주 해. 매달 어디든 가.	I often travel domestically. I go anywhere every month.
바티칸 가이드 투어를 했어요.	We had a guided tour of the Vatican.
고등학교 때 수학여행을 경주로 갔죠.	I went on a school trip to Gyeongju when I was in high school.
수민이는 남미로 배낭여행을 갔어.	Sumin went on a backpacking trip to South America.
요즘은 해외여행 가는 사람들이 엄청 많아요.	A lot of people travel abroad these days.

travel by train/car/bus/plane 기차/자동차/버스/비행기로 여행하다
pack one's bags for the trip 여행 짐을 싸다
(travel) itinerary 여정, 여행 일정표
festival 축제
souvenir 기념품

go on a cruise
크루즈 여행을 가다

tourist attraction
관광 명소

historic site
역사 유적지

ancient palace
고궁

exchange money
환전하다
money exchange 환전

tour guide
여행[관광] 가이드

SENTENCES TO USE

이탈리아 전역을 기차로 여행했어요.	I traveled all over Italy by train.
여행갈 짐 다 쌌어?	Have you packed your bags for the trip?
알래스카 여행 일정 짰어?	Did you make your itinerary for Alaska?
홍콩의 주요 관광 명소가 어디야?	Where are the major tourist attractions in Hong Kong?
서울에는 고궁이 많아.	There are many ancient palaces in Seoul.
환전 어디서 했어?	Where did you exchange money?

2

공항, 비행기

passport 여권
suitcase 여행용 가방
baggage 짐, 수하물
e-ticket 전자 항공권
boarding pass 탑승권
one-way ticket 편도 항공권
round-trip ticket 왕복 항공권
direct[nonstop] flight 직항편
check-in counter 탑승 수속대
check in baggage 짐을 부치다
check-in baggage 부치는 짐
carry-on bag 들고 타는 짐
go through passport control 여권 심사대를 통과하다
have a security check 공항 검색대를 통과하다
duty-free shop 면세점
get ~ tax-free[duty-free] 면세로 ~를 사다
departure gate 출발 탑승구
get on[board] a plane 비행기를 타다
economy/business/first class 일반석/비즈니스석/1등석
in-flight service 기내 서비스
window seat 창가 자리
aisle seat 복도 쪽 자리
land at the airport 공항에 착륙하다
baggage claim 수하물 찾는 곳
declare ~를 세관에 신고하다
customs 세관
jet-lag 시차로 인한 피로

숙소

hotel 호텔
hostel 호스텔
guesthouse 게스트하우스
B&B(bed and breakfast) 비앤비, 아침 식사가 나오는 민박
air B&B 에어 비앤비
villa 별장, 휴가용 주택
resort 휴양지, 리조트
motel 모텔
front desk 프런트(안내 데스크)
receptionist 호텔 접수 담당자
room with a view 전망 좋은 방
vacancies 빈 객실
complimentary shuttle 무료 셔틀버스
make a reservation 예약하다
stay in a hotel 호텔에 묵다
check in 호텔에 투숙 수속을 하다
check out 호텔에서 비용을 지불하고 나가다

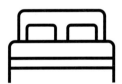

3 영화, 연극, 뮤지컬

UNIT

영화

movie theater 극장
multiplex 복합 상영관, 멀티플렉스
box office 매표소, 흥행 수익
audience 관객
director 영화감독
film crew 영화 제작진
movie star 영화배우 (**actor, actress** 영화, 연극, 뮤지컬 배우)
cast 출연진
main character 주인공
supporting role 조역
hero/heroine 남자 주인공/여자 주인공
villain 악역
special effects 특수 효과
stunt man/woman 스턴트맨/스턴트우먼
screenplay, scenario 영화 대본, 시나리오
line 대사

SENTENCES TO USE

그 영화는 흥행에 크게 성공했죠.   The movie was a huge box-office success.
그 영화는 천만 관객을 동원했어.   The movie attracted 10 million audiences.
조역들이 참 매력적이었어.   Supporting roles were very attractive.
기억에 남는 대사가 많았어.   There were many memorable lines.

영화 장르

drama 드라마   period[costume] piece 시대물
comedy 코미디   romantic comedy 로맨틱 코미디
action movie 액션 영화   science fiction 공상과학 영화
thriller 스릴러   crime drama 범죄 영화
animation 애니메이션

연극, 뮤지컬

play 연극, 희곡
playwright 희곡 작가
theater 극장
stage 무대
comedy 희극
tragedy 비극
performance 공연, 연기
costumes 의상
dialogue 극의 대화 부분
monologue 독백
aside 방백
act 막
scene 장
ensemble 뮤지컬의 코러스 배우
get[take] a curtain call 커튼콜을 받다
give applause 박수갈채를 보내다
give a standing ovation 기립 박수를 보내다

SENTENCES TO USE

그 연극은 아일랜드 희곡 작가가 쓴 거야.	The play was written by an Irish playwright.
그 작품은 희극이야 비극이야?	Is that a comedy or a tragedy?
그 뮤지컬은 의상이 무척 화려해.	The musical has very fancy costumes.
〈햄릿〉은 5막으로 이루어져 있어요.	*Hamlet* consists of five acts.
배우들이 커튼콜을 받았어.	The actors got a curtain call.
관객이 기립 박수를 보냈습니다.	The audience gave a standing ovation.

음악, 연주회

classical music 고전음악, 클래식 음악
pop(ular) song 대중가요
orchestra 오케스트라, 교향악단
band 밴드
melody 멜로디, 곡조
lyrics 가사

choir
합창단, 성가대

solo
솔로

musician
뮤지션, 음악가
singer-songwriter
싱어송라이터

SENTENCES TO USE

클래식 음악은 잘 몰라서요.	I don't know much about classical music.
희수는 시립 교향악단에서 바이올린을 연주해.	Heesoo plays the violin in the city orchestra.
그 애는 록밴드에서 베이스기타를 쳐.	He plays the bass guitar in a rock band.
이 노래는 가사가 진짜 마음에 들어.	I love the lyrics of this song.
저는 고등학교 합창단 단원이었습니다.	I was a member of the high school choir.
영국 가수 아델은 싱어송라이터예요.	British singer Adele is a singer-songwriter.

listen to music
음악을 듣다

sing a song
노래를 부르다

play the ~(악기)
악기를 연주하다

compose 작곡하다
composer 작곡가

conduct 지휘하다
conductor 지휘자

perform 연주하다, 공연하다
busk 버스킹하다

go to a concert
콘서트에 가다

book[buy] a ticket 표를 예약[구매]하다
call for an encore 앙코르를 청하다
give applause 박수갈채를 보내다
give a standing ovation 기립 박수를 보내다

SENTENCES TO USE

준은 취미로 피아노를 쳐.
Jun plays the piano as a hobby.

우리는 학교 축제에서 연주할 예정이에요.
We're going to perform at the school festival.

그 뮤지션은 홍대 근처에서 자주 버스킹을 한대.
The musician often busks in the Hongdae area.

BTS 콘서트 표 예매 성공했어?
Did you manage to book tickets for the BTS concert?

청중이 앙코르를 청했어요.
The audience called for an encore.

그들은 가수에게 큰 박수갈채를 보냈어요.
They gave big applause to the singer.

161

5 책

author, writer 저자, 지은이, 작가
title 제목
publish 출판하다, 출간하다
publisher, publishing company 출판사
editor 편집자
edition 책의 판(版)
hard cover 양장본
paperback 페이퍼백
plot 구성, 줄거리
character 등장인물
page-turner 흥미진진한 책

e-book 전자책
e-reader 전자책 단말기

audio book
오디오북

bookmark
책갈피

SENTENCES TO USE

그 작가의 신작이 다음 달에 출간될 예정이에요.	The author's new book will be published next month.
드디어 출판사하고 계약을 했어!	I finally signed a contract with a publishing company!
그 책 초판을 너무 구하고 싶어.	I'm dying to get the first edition of the book.
《호밀밭의 파수꾼》 줄거리가 어떻게 돼?	What's the plot of *The Catcher in the Rye*?
그 소설 등장인물 중 누가 제일 마음에 들어?	Who is your favorite character in the novel?
나는 전자책은 아직은 익숙하지 않더라고.	I'm not used to e-books yet.

책의 장르

novel 소설
fiction 픽션, 소설
self-help book 자기개발서
fable 우화
science-fiction 공상과학 소설
detective novel 탐정 소설
fantasy 판타지 소설
autobiography 자서전
encyclopedia 백과사전
comic (book) 만화책
travel guidebook 여행 가이드북
magazine 잡지
newspaper(headline, article, editorial)
신문(헤드라인, 기사, 사설)

essay 에세이, 수필
non-fiction 논픽션
fairy tale 동화
collection of poems 시집
crime novel 범죄 소설
romance 연애 소설
biography 전기문
travel essay 여행기
dictionary 사전
cookbook 요리책
textbook 교과서

SENTENCES TO USE

그 책은 픽션이에요 논픽션이에요? Is the book fiction or nonfiction?

자기개발서가 많이 팔리던 시절이 있었지. There was a time when self-help books were selling a lot.

하이디는 탐정 소설과 범죄 소설을 많이 읽어. Heidi reads a lot of detective novels and crime novels.

서점

online bookstore 인터넷 서점
second-hand bookstore 중고 서점
independent bookstore 독립 서점
large[grand] bookstore 대형 서점

163

6 TV, 연예

UNIT

cable TV 케이블 TV
IPTV(Internet Protocol Television) 인터넷 망을 통한 양방향 TV 서비스
broadcasting station[company] 방송국, 방송사
show 프로그램
episode 에피소드(1회 방송분)
season (TV 프로그램) 시즌
host 진행자
weather forecaster 기상 캐스터
TV commercial TV 광고
commercial break 광고 시간
celebrity culture 유명인 문화
household name 누구나 아는 이름

satellite TV
위성 TV

channel
채널

(news) anchor
뉴스 앵커

reporter
기자

SENTENCES TO USE

그 방송국은 다큐멘터리 전문이야.
The broadcasting station specializes in documentaries.

그 드라마 어제 에피소드를 놓쳤어!
I missed yesterday's episode of the drama!

그 방송 진행자 모르는 사람 있어요?
Is there anyone who doesn't know the host?

요즘은 프로그램 중간에도 TV 광고가 나오더라고.
There are TV commercials in the middle of the program these days.

그 뉴스 앵커는 인터뷰를 아주 잘하는 걸로 유명하지.
The news anchor is famous for being very good at interviews.

저 기자는 왜 저렇게 말을 더듬어?
Why is that reporter stammering?

MP3 068

다양한 TV 프로그램

news 뉴스
documentary 다큐멘터리
current affairs TV show 시사 프로그램
drama 드라마
soap opera 연속극
sitcom 시트콤
comedy 코미디
period drama 시대극
talk show 토크쇼
quiz show 퀴즈 프로그램
cartoon 만화 영화
reality TV show 리얼리티 쇼
children's show 아동 프로그램
cooking show 요리 프로그램
shopping channel 홈쇼핑 채널
talent show 탤런트 쇼(참가자들이 노래춤 등의 장기를 겨루는 프로그램)

---

soap opera

soap opera는 주로 낮에 주부를 대상으로 방송되는 텔레비전이나 라디오의 연속극(드라마)을 가리킵니다. 감정에 호소하거나, 선정적이거나 경쾌한 내용이 주를 이룹니다. soap opera라는 이름이 붙은 것은 초기에 비누를 만드는 업체들이 이 드라마에 광고를 했기 때문입니다. 우리나라의 경우 아침 드라마나 저녁 시간대의 일일 연속극을 soap opera라고 할 수 있겠죠?

TV 관련 표현

- turn on the TV : TV를 켜다
- turn off the TV : TV를 끄다
- turn up the volume : 볼륨을 높이다
- turn down the volume : 볼륨을 낮추다
- change channels : 채널을 바꾸다

165

스포츠

play ~

soccer 축구 하다
basketball 농구 하다
volleyball 배구 하다
table tennis 탁구를 치다

baseball 야구 하다
badminton 배드민턴을 치다
tennis 테니스를 치다
golf 골프를 하다

do ~

boxing 권투를 하다
gymnastics 체조를 하다
a long jump 멀리 뛰기를 하다

Taekwondo 태권도를 하다
a high jump 높이뛰기를 하다
a bungee jump 번지점프를 하다

run a marathon 마라톤을 하다

SENTENCES TO USE

전 세계 남자아이들은 축구를 많이 하죠.	Boys all over the world play soccer a lot.
고등학교 때는 농구를 자주 했는데.	I used to play basketball often when I was in high school.
탁구 쳐 본 적 있니?	Have you ever played table tennis?
우리 아이는 일곱 살 때부터 태권도를 했어요.	My child has been doing Taekwondo since he was seven.
번지점프는 돈을 아무리 많이 줘도 못 해.	I can't do a bungee jump no matter how much money I'll be given.
그분은 70이 넘었지만 마라톤을 하세요.	He's over seventy, but he runs a marathon.

MP3 069

go ~

mountain climbing 등산을 하다
rock climbing 암벽 등반을 하다
cycling 자전거를 타(러 가)다
skating 스케이트를 타(러 가)다
skateboarding 스케이트보드를 타(러 가)다
skiing 스키를 타(러 가)다
snowboarding 스노보드를 타(러 가)다
horse riding 승마를 하(러 가)다
canoeing 카누를 타(러 가)다
skydiving 스카이다이빙을 하(러 가)다
paragliding 패러글라이딩을 하(러 가)다
diving 다이빙하(러 가)다
scuba-diving 스쿠버다이빙을 하(러 가)다
snorkeling 스노클링을 하(러 가)다

SENTENCES TO USE

남길이는 이번 토요일에 암벽 등반 하러 간대.　Namgil said he's going to go rock climbing this Saturday.

겨울에는 스키를 타러 가끔 가요.　I sometimes go skiing in the winter.

자전거 관련 표현

- ride a bike : 자전거를 타다
- get on/off a bike : 자전거에 오르다/자전거에서 내리다
- cycling trail : (자연 속의) 자전거길
- bicycle lane : (시내의) 자전거 전용 도로
- mountain bike : 산악자전거
- cycling helmet : 자전거 헬멧
- lock : 자물쇠
- handlebar : 핸들
- saddle : 안장
- bike rack : 자전거 고정대

167

캠핑, 해수욕, 서핑

캠핑

campsite, campground
캠핑장, 야영지

pitch a tent
텐트를 치다

build a fire
불을 피우다

folding table/chair
접는 탁자/의자

flashlight
손전등

go camping 캠핑 가다
camping car, motorhome, camper, caravan 캠핑카
sleeping bag 침낭
air mattress, air bed 에어 매트리스 (공기를 주입한 매트리스)
camping stove 캠프용 버너
bug repellent 방충제

SENTENCES TO USE

요즘은 곳곳에 캠핑장이 있어요.	There are campsites in many places these days.
텐트 치는 게 생각보다 더 어렵네.	It is more difficult to pitch a tent than I thought.
우리는 접는 탁자랑 의자를 펴고 밥을 먹었지.	We spread out our folding table and chairs and ate our meals.
그 사람은 가족들과 캠핑을 다니려고 캠핑카를 샀어.	He bought a camping car to go camping with his family.
에어 매트리스 써 봤어?	Have you ever used an air mattress?
캠핑 갈 때는 방충제를 꼭 가져가야 해요.	When you go camping, you have to take bug repellent.

해수욕, 서핑

swim[bathe] in the sea
해수욕을 하다

swimsuit
여성 수영복

swimming trunk
남성 수영복

sunbathing
일광욕

deck chair
해변의 접의자

rubber ring
수영 튜브

go surfing
서핑을 하러 가다

windsurfing
윈드서핑

snorkeling
스노클링

scuba-diving
스쿠버 다이빙

lifeguard
인명 구조원

sunscreen 자외선 차단제
jet ski 제트스키
wet suit 고무로 된 잠수복
life preserver (구명조끼 등) 구명 기구

SENTENCES TO USE

해수욕 안 간 지 오래됐네.	It's been a long time since I went to swim in the sea.
니스 해변에는 일광욕하는 사람들이 많더라고.	There were a lot of people sunbathing on the beaches in Nice.
나는 접의자에 누워서 책을 읽었어.	I read a book lying on the deck chair.
주민이는 동해로 서핑을 하러 자주 가요.	Jumin often goes surfing to the East Sea.
인명 구조원이 물에 빠진 사람을 구했어.	The lifeguard saved the drowning man.
바닷가에 갈 때는 자외선 차단제를 꼼꼼히 발라야 해.	You have to wear sunscreen thoroughly when you go to the beach.

CHAPTER

일과 경제

Jobs & Economy

1

회사 전반

company, firm 회사
large[big, major] company 대기업
conglomerate 거대 복합 기업
headquarters 본사, 본부
branch 지사
subsidiary 자회사
affiliate 계열사
subcontractor 하도급 업체
chairperson, chairman 회장
president 사장
executive, director 간부, 임원
department 부서

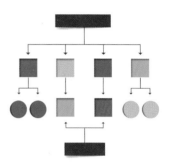

SENTENCES TO USE

많은 젊은이들이 대기업에 취업하고 싶어 하지.	Many young people want to get a job in large companies.
한국의 거대 복합 기업을 '재벌'이라고 해요.	The Korean conglomerate is called "chaebol."
아마존 본사는 시애틀에 있어.	Amazon's headquarters is in Seattle.
우리 형은 P&T 하청 업체에서 일해.	My brother works for a P&T subcontractor.
그는 그 회사에 입사하고 20년 만에 임원이 됐어요.	He became an executive 20 years after joining the company.
저는 마케팅 부서에서 일을 시작했어요.	I started working in the marketing department.

board of directors 이사회
CEO 최고경영자 (**Chief Executive Officer**)
COO 최고 운영 책임자 (**Chief Operating Officer**)
CIO 최고 정보 책임자 (**Chief Information Officer**)
CFO 재무 담당 최고 책임자 (**Chief Financial Officer**)
CTO 최고 기술 책임자 (**Chief Technology Officer**)

employer 고용주, 고용인
employee 종업원, 피고용자
supervisor 상사, 감독자
assistant 조수, 보조원
intern 인턴사원 (**internship** 인턴직)
secretary 비서

SENTENCES TO USE

구글 최고경영자는 선다 피차이라는 인도계 미국인이야.   Google's CEO is Indian American Sundar Pichai.

그 회사는 종업원이 100명이 넘어요.   The company has more than 100 employees.

저는 광고 회사에서 인턴으로 일했습니다.   I worked as an intern at an advertising company.

직급

회장, 이사회 의장 : chairperson, chairman
부회장 : vice chairperson
대표이사, 사장 : CEO, president
부사장 : vice president
전무 : senior managing director
상무 : managing director
부장 : general manager, department head
차장 : deputy general manager
팀장 : team manager
과장 : manager, section chief
대리 : assistant manager
주임 : associate

wage 임금, 급료
payday 임금 지급일, 월급날
pay rise 임금 인상
pay cut 임금 삭감

special bonus
(특별) 상여금

labor force
노동력

---

employee welfare 직원 복리 후생
workday, working day 근무일
business day 영업일
working[office] hours 근무 시간
labor union 노동조합
go on strike 파업하다

SENTENCES TO USE

우리 회사 월급날은 매달 20일이야.	Our company's payday is the 20th of every month.
올해엔 임금 인상을 기대하긴 힘들 것 같아.	I don't think I can expect a pay rise this year.
우리 회사는 직원 복리 후생이 잘돼 있어.	Our company has good employee welfare.
오늘은 근무일이 아니야.	Today is not a working day.
그 회사는 근무 시간이 어떻게 되나요?	What's the working hours of that company?
노동조합이 파업을 하기로 결정했습니다.	The labor union decided to go on strike.

management
관리, 운영, 경영

organization
조직

leadership
리더십

teamwork
팀워크

**interpersonal
skills**
대인관계 기술

**project
management**
프로젝트 관리

**time
management**
시간 관리

**decision
making**
의사 결정

problem solving
문제 해결

data analysis
자료 분석

negotiation
협상

customer service
고객 서비스

SENTENCES TO USE

조직이 성공하려면 리더십과 팀워크가 중요합니다. Leadership and teamwork are important for an organization to succeed.

회사 생활에 대인관계 기술도 중요합니다. Interpersonal skills are also important in your work life.

의사 결정은 충분한 정보를 바탕으로 이루어져야 해요. Decision making should be based on sufficient information.

그녀는 고객 서비스 업무를 했어요. She worked in customer service.

부서

management : 관리, 운영
PR(public relations) : 홍보
IT(information technology) : IT(정보기술)
production : 생산
purchasing : 구매

HR(human resources) : 인사
R&D(research and development) : 연구개발
accounts/finance : 회계/재무
marketing : 마케팅
sales : 영업, 판매

175

다양한 직업

accountant 회계사, 회계원

actor/actress 배우

announcer 아나운서, 방송 진행자

architect 건축가

artist 화가

astronaut 우주비행사

astronomer 천문학자

athlete 운동선수

baby sitter 아이 봐주는 사람

bank clerk 은행의 출납계원

banker 은행의 고위 직원

barber 이발사

book editor 책 편집자

bus driver 버스 운전사

businessman/businesswoman 기업가, 사업가

butcher 정육점 주인

MP3 073

carpenter 목수

cartoonist 만화가 (**webtoonist** 웹툰 작가)

cashier 출납원

chef 요리사

civil officer 공무원

cleaner 청소부

comedian 코미디언

composer 작곡가

construction worker 건설 노동자

dentist 치과 의사

doctor 의사

electrician 전기 기사

engineer 엔지니어

farmer 농부

fashion designer 패션 디자이너

firefighter 소방관

flight attendant 비행기 승무원

hairdresser 미용사

interior designer 인테리어 디자이너

interpreter 통역사

janitor 수위, 건물 관리인

journalist 저널리스트, 기자

judge 판사

lawyer 변호사
librarian 사서
mechanic 정비사
model 모델
movie director 영화 감독
musician 음악가
novelist 소설가
nurse 간호사
office worker 사무직 노동자
oriental medicine doctor 한의사
painter 화가
paramedic 긴급 의료원
part-timer 시간제 직원
pharmacist 약사
photographer 사진작가
physician 내과 의사
pilot 비행기 조종사
plumber 배관공
police officer 경찰관
professor 교수
prosecutor 검사
psychiatrist 정신과 의사
psychologist 심리학자

receptionist 접수 담당자

reporter 보도 기자, 리포터

scientist 과학자

sculptor 조각가

security guard 경비원, 보안 요원

singer 가수

storekeeper, shopkeeper 소매상인, 가게 주인

surgeon 외과 의사

taxi driver 택시 운전사

teacher 교사

tour guide 여행(관광) 가이드

train driver 열차 기관사

translator 번역가

travel agent 여행사 직원

TV director TV 감독

TV writer TV 방송작가

vet, veterinarian 수의사

waiter/waitress 웨이터/웨이트리스

writer 작가

go to work
출근하다

work from home
재택근무를 하다

get approval from
~의 결재를 받다

make a weekly plan
주간 계획을 세우다

finish work 일을 끝내다
leave work[the office], get off work 퇴근하다
work full-time, be a full-time worker 정규직으로 일하다
work part-time, be a part-time worker 시간제로 일하다
temporary worker 비정규직 사원
contract worker 계약직 사원
work in shifts 교대로 일하다
be in charge of ~을 맡고 있다, 책임지다

SENTENCES TO USE

재택근무를 할 수 있으면 좋겠어.	I wish I could work from home.
그건 팀장님 결재를 받아야 해.	It needs to get approval from our team manager.
보통 몇 시에 퇴근해요?	What time do you usually get off work?
그 여자는 정규직이야.	She works full-time.
나는 계약직 사원이에요.	I am a contract worker.
자네가 이 프로젝트를 맡아서 진행하게.	I want you to be in charge of this project.

have a meeting 회의를 하다
attend a meeting
회의에 참석하다

wrap up the meeting
회의를 마무리하다

give a presentation
발표하다, 프레젠테이션을 하다

reach a consensus
합의를 보다

work overtime
초과 근무를 하다

be promoted
승진하다
promotion 승진

go on a business trip
출장 가다

have a day off 하루 휴가를 내다
take a monthly holiday 월차 휴가를 내다
take an annual vacation 연차 휴가를 내다
call in sick 아파서 못 나간다고 전화하다
go on maternity/paternity leave 출산 휴가에 들어가다
be on maternity/paternity leave 출산 휴가 중이다

SENTENCES TO USE

2시에 회의할게요.
We'll have a meeting at two o'clock.

다음 주에 사장님 앞에서 프레젠테이션 해야 해.
I have to give a presentation in front of the president next week.

그 사람 팀장으로 승진했대.
He was promoted to the department head.

내일 뉴욕으로 출장 가요.
I'm going on a business trip to New York tomorrow.

월차 휴가 내고 건강 검진을 받았어.
I took a monthly holiday and got a medical check-up.

다음 달에 출산 휴가에 들어갑니다.
I'm going on maternity leave next month.

181

취업, 퇴사, 실직

취업

apply for a job 일자리에 지원하다
submit a résumé [CV(curriculum vitae)]] 이력서를 제출하다
submit a letter of self-introduction 자기소개서를 제출하다
have[do] a job interview 면접을 보다
get a job 일자리를 구하다
join[enter] a company 입사하다
post a job opening 채용 공고를 내다 (**job opening** 빈 일자리)
headhunt 인재를 스카우트하다
(**headhunter** 헤드헌터, **headhunting** 인재 스카우트)
job seeker 구직자, 취준생
job offer 일자리 제의[제안]
job opportunity 취업 기회
qualifications 자격 요건

SENTENCES TO USE

지금까지 50곳이 넘는 일자리에 지원했어요.   I've applied for over 50 jobs so far.

이력서와 자기소개서를 제출하세요.   Please submit your résumé and a letter of self-introduction.

내일 그 회사 면접을 봐요.   I'm having a job interview with the company tomorrow.

우리 회사에 일자리가 생기면 연락할게요.   I'll contact you if there's a job opening in our company.

많은 구직자들이 매일 취업 박람회에 와요.   Many job seekers come to the job fair every day.

그 일은 자격 요건이 어떻게 되죠?   What are the qualifications for the job?

퇴사, 실직

quit one's job 회사를 그만두다
lose one's job 직장을 잃다
get fired, be fired 해고당하다 (**fire** 해고하다)
be laid off 정리해고 당하다 (**lay somebody off** 정리해고하다)
be unemployed[**jobless, out of work**] 실업 상태다
unemployment 실업
unemployed[**jobless**] **person** 실직자

retire 은퇴하다 (**retirement** 은퇴)
retired person 퇴직자, 은퇴자
receive one's pension 연금을 받다
receive severance pay 퇴직금을 받다

SENTENCES TO USE

건강이 안 좋아서 회사를 그만뒀어요.	I quit my job because I was in bad health.
그 사람은 뇌물을 받아서 해고당했어요.	He was fired for taking bribes.
그 회사는 100명 이상을 정리해고했어요.	The company laid off more than 100 workers.
그 사람 남편은 몇 년째 실직 상태예요.	Her husband has been unemployed for several years.
몇 살에 은퇴하셨어요?	How old were you when you retired?
만 65세부터 연금을 받을 예정이야.	I'm going to receive my pension from 65.

UNIT 4 경제 전반

economy 경제, 경기
industry 산업
enterprise, company, firm 기업, 회사
corporation 기업, 법인
demand 수요
supply 공급
production 생산
product 생산물, 상품, 제품
manufacture 제조[생산]하다, 제조, 생산
manufacturer 제조사, 생산업체
goods 제품, 상품
service 서비스, 용역

SENTENCES TO USE

세계 경제가 불황에 빠져 있어요.	The world economy is in recession.
그는 관광 산업에 종사하고 있어요.	He's in the tourism industry.
가격은 수요와 공급에 따라 결정돼.	Prices are determined by supply and demand.
나는 신상품 개발하는 일을 해.	I work on developing new products.
이 스마트폰은 한국에서 생산되었다고 적혀 있어.	It says that this smartphone was manufactured in Korea.
그 회사는 가구 제조업체예요.	The company is a furniture manufacturer.

supplier 공급 업체
vendor 판매 업체, 노점상
partner 협력 업체
subcontractor 하도급 업체
profit 이익, 수익
loss 손실
have a gain[surplus], be in the black 흑자를 내다
be in deficit, be in the red 적자를 내다
income 수입, 소득
expense 지출, 비용
revenue (정부, 기관의) 수입, 수익
cost(s) 비용, 경비
expenditure 정부, 기관, 개인의 지출

SENTENCES TO USE

그 공급 업체가 더 낮은 가격을 제시했어요.	The supplier offered a lower price.
그 사람은 인터넷 쇼핑몰 운영으로 큰 수익을 올렸어.	He made a huge profit from running an Internet shopping mall.
무역 수지가 몇 년째 흑자입니다.	The trade balance has been in the black for years.
저소득층을 위한 다양한 복지 정책이 실시되고 있죠.	Various welfare policies are carried out for low-income people.
수입과 지출의 균형을 맞춰야지.	You have to balance your income with your expenses.
그 회사는 어떻게 비용을 줄일 수 있을까요?	How can the company cut costs?

asset 자산
debt 빚
liabilities 부채, 채무
monopoly 독점, 전매
investment 투자 (**invest** 투자하다)
transaction 거래
economic downturn 경기 침체
economic recovery 경기 회복
recession, depression 불황, 불경기
economic boom 경제 호황
up-phase (경제) 호황기
inflation 인플레이션

SENTENCES TO USE

그 회사는 자산 관리 서비스를 제공합니다.	The company provides asset management services.
그 남자는 도박으로 빚을 많이 지고 있어.	He is heavily in debt for gambling.
전 재산을 부동산에 투자했다고?	Did you invest all your property in real estate?
경기 침체가 지속될 것 같아요?	Do you think the economic downturn is going to last?
경제 호황기에는 생산성과 매출, 수입이 모두 증가해요.	During the economic boom, productivity, sales and income all increase.
인플레이션은 일정 기간 동안 상품과 서비스의 가격이 상승하는 거야.	Inflation is the increase in the prices of goods and services over a period of time.

inflation rate 물가 상승률
price index 물가 지수
price stabilization 물개[가격] 안정
price fluctuation 물개[가격] 변동
capital 자본
labor 노동
wholesale 도매
retail sale 소매
bankruptcy 파산
go bankrupt 파산하다

SENTENCES TO USE

이건 주택 가격 변동 현황을 그래프로 나타낸 겁니다.
This is a graph of the current state of housing price fluctuations.

회사를 세우려면 자본이 얼마나 필요해?
How much capital do you need to set up a company?

그 사람이 운영하던 건설 회사는 파산했어.
The construction company he was running went bankrupt.

다양한 산업

advertising 광고	agriculture, farming 농업
construction 건설	education 교육
electronics 전자 기술	entertainment 연예
fashion 패션	finance 금융
fishing 어업	forestry 임업
healthcare 의료	journalism 저널리즘
livestock farming 축산업	manufacturing 제조업
mining 광업	pharmaceutical 제약
real estate 부동산	shipping 배송
tourism 관광	transportation 운송

UNIT 5 금융, 주식, 세금

금융

finance
금융, 재무, 재정

currency
통화

cash
현금
(**coin** 동전, **bill** 지폐)

check
수표

credit card 신용 카드
debit card 직불 카드

ATM(automatic teller machine)
자동입출금기

PIN number
개인 비밀번호

mobile banking
모바일 뱅킹

bankbook 통장
bank account number 은행 계좌 번호
online banking 온라인 뱅킹

SENTENCES TO USE

국가 재정은 어느 부처에서 관리하죠?	Which department manages the national finances?
유럽 대부분 국가들은 단일 통화인 유로를 사용해요.	Most European countries use a single currency, the euro.
신용 카드와 직불 카드는 어떻게 달라?	How are credit cards and debit cards different?
그 지하철역에 자동입출금기가 있나?	Is there an ATM at the subway station?
요즘은 사람들이 모바일 뱅킹을 많이 이용하죠.	People use mobile banking a lot these days.
은행 계좌 번호 좀 알려 주세요.	Please let me know your bank account number.

interest 이자
interest rate 이율
open/close a bank account 은행 계좌를 개설하다/해지하다
save money 저축하다
get into debt 빚을 지다
deposit money 예금하다
withdraw money 출금하다
remit, send[transfer] money 송금하다
put ~ into a fixed deposit account 정기 예금에 넣다
put[pay] ~ into an installment savings account 정기 적금을 들다
get a bank loan, get a loan from the bank 은행에서 대출을 받다
take out/pay off a mortgage 담보 대출을 받다/갚다

SENTENCES TO USE

요즘은 예금 이율이 2퍼센트 정도밖에 안 돼.	These days, the interest rate on deposits is only about 2 percent.
사용하지 않는 은행 계좌는 해지하세요.	Close the bank account that you don't use any more.
비용은 그 사람한테 송금하세요.	Please remit the expenses to him.
나는 목돈이 생기면 정기 예금을 해.	When I get a large sum of money, I put it into a fixed deposit account.
매달 10만 원씩 적금을 붓고 있어.	I pay a hundred thousand won into an installment savings account every month.
은행에서 대출 받는 게 점점 어려워지고 있어.	It's getting harder and harder to get a loan from a bank.

주식

stock exchange	buy stocks	sell stocks	make/lose money in stocks
증권[주식] 거래소	주식을 사다	주식을 팔다	주식으로 돈을 벌다/잃다

세금

pay tax	get[receive] a tax refund	tax cut	tax hike	deduction of tax
세금을 내다	세금을 환급받다	세금 인하	세금 인상	세금 공제

SENTENCES TO USE

한국 증권 거래소는 어디에 있어요?	Where is the Korea Stock Exchange?
주식 사 본 적 있어?	Have you ever bought stocks?
우리 삼촌은 주식으로 큰돈을 잃었어.	My uncle lost a lot of money in stocks.
세금을 안 내고 버티는 사람들이 엄청 많대요.	There are a lot of people who don't pay taxes.
세금을 환급받으려면 어떻게 해야 하죠?	How do I get my tax refund?
세금이 인하되면 소비 심리 촉진에 도움이 될 수 있죠.	Tax cuts can help boost consumer sentiment.

Many job seekers come to the job fair every day.

JOB

I've applied for over 50 jobs so far.

CHAPTER

10

쇀핑

_____

Shopping

다양한 상점들

market
시장

traditional market 전통 시장
local market 지역 시장

street market
노상 시장

department store
백화점

shopping mall
쇼핑몰

supermarket
슈퍼마켓

convenience store
편의점

flea market 벼룩시장
grocery (store) 식료품점, 잡화점, 슈퍼마켓

SENTENCES TO USE

지자체는 지역 시장을 활성화하기 위해 노력하고 있다.	Local governments are trying to boost local markets.
노상 시장을 둘러보는 게 재미있었어.	It was fun to look around the street market.
근처에 백화점이나 쇼핑몰이 있을까요?	Is there a department store or a shopping mall nearby?
요즘 편의점에는 없는 게 없어.	There's everything in convenience stores these days.
벼룩시장에서 괜찮은 물건을 몇 개 샀어.	I bought some nice things at the flea market.
식품점 가서 식초랑 오이 좀 사 와.	Go to the grocery store and get some vinegar and cucumbers.

**baker's,
bakery**
빵집, 제과점

**butcher shop,
the butcher's**
정육점

fish dealer
생선 가게

**fruit
shop[store]**
과일 가게

rice store[shop]
쌀가게

furniture store
가구점

**electronics store,
electrical appliances store**
전자제품[가전제품] 상점

**clothing
shop[store]**
옷 가게

**lingerie shop[store],
underwear shop[store]**
속옷 가게

shoe shop[store]
신발 가게

**jewelry
store**
보석상

SENTENCES TO USE

빵집 앞을 지날 때면 좋은 냄새가 나.   It smells good when I walk past the bakery.

정육점에서 돼지고기 한 근을 샀어.   I bought 600 grams of pork at the butcher's.

그 거리에는 가구점들이 많아요.   There are many furniture stores on the street.

TV를 새로 사야 해서 전자제품 상점에 가려고.   I need to buy a new TV so I'm going to the electronics store.

속옷 가게에서 팬티랑 양말 좀 샀어.   I bought some panties and socks at the underwear store.

이 자리에 보석상이 있었는데.   There used to be a jewelry store here.

195

bookstore
책방, 서점

stationery shop[store]
문구점

flower[florist] shop
꽃집

hardware store
철물점

pharmacy, chemists
약국

drugstore
화장품 등을 같이 파는 약국

barber shop 이발소
beauty salon, beauty parlor, hair salon 미장원
real estate agency 부동산 중개업소
laundry, dry cleaner's 세탁소

SENTENCES TO USE

요즘은 동네 서점이 없어서 아쉬워.	I'm sorry there is no local bookstore these days.
내 조카는 문구점 가는 걸 좋아해요.	My niece likes to go to the stationery shop.
철물점에서 대걸레를 파나?	Do they sell mops in the hardware store?
이 동네에 일요일에 문 여는 약국 있나?	Is there a pharmacy in this neighborhood that opens on Sunday?
오늘 미장원 가서 머리 자르려고.	I'm going to the beauty parlor to get my hair cut today.
이 근처에 부동산 중개업소가 많아.	There are a lot of real estate agencies around here.

MP3 081

백화점의 매장들

cosmetics 화장품
men's wear 남성복
women's wear 여성복
children's wear 아동복
lingerie 속옷
sportswear 운동복
bags 가방
shoes 신발
toys 장난감
stationery 문구
electrical appliances, home appliances 가전제품
home furnishings 가구 및 소품
kitchenware 주방용품
food court 푸드 코트
duty-free shop 면세점
customer service center 고객 서비스 센터

2 쇼핑 전반

window-shop, do window shopping 윈도우쇼핑을 하다
shop around 가게들을 돌아다니다
be out of stock 재고가 없다
bargain[haggle] (over) 흥정하다
give a discount 할인해 주다
pay in installments 할부로 사다
exchange A for B A를 B로 교환하다
get a refund (on) 환불하다

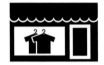

try on
착용해 보다

be on sale
판매 중이다,
할인 중이다

pay in cash
현금으로 사다

**pay by
credit card**
신용카드로 사다

SENTENCES TO USE

싼 물건 찾아서 가게들을 돌아다녔어.	I shopped around for bargains.
M 사이즈는 재고가 떨어졌네요.	M size is out of stock.
우리 엄마는 시장에서 물건을 살 때 흥정을 해.	My mother bargains when she buys things in the market.
이거 환불하려고요.	I'd like to get a refund on this.
이거 입어 볼 수 있을까요?	Can I try this on?
현금으로 하실래요, 신용카드로 하실래요?	Would you like to pay in cash or by credit card?

operating[business] hours 영업시간
fixed price 정가
special offer 특가 판매, 특가품
shelves 진열장
fitting room 옷가게의 탈의실
receipt 영수증

price tag
가격표

promote 홍보하다
promotion
홍보, 판촉

shopping cart
쇼핑 카트

basket
바구니

shopping bag
쇼핑백, 장바구니

clerk 점원
cashier
계산대, 계산 담당자

cash register
금전 등록기

customer
고객

checkout (counter)
계산대

SENTENCES TO USE

그 백화점은 영업시간이 어떻게 되죠?	What's the business hours of the department store?
여기서는 정가로 판매합니다.	We sell them here at the fixed price.
탈의실은 어디 있나요?	Where is the fitting room?
쇼핑 카트가 하나도 없네.	There's no shopping cart.
전 장바구니 갖고 다녀요.	I carry my shopping bag with me.
계산대는 어느 쪽이야?	Which way is the checkout counter?

UNIT 3 온라인 쇼핑, 해외 직구 용어

온라인 쇼핑

Internet shopping mall 인터넷 쇼핑몰
create an account 계정을 만들다 (**account** 계정)
membership 회원 자격[신분]

join a shopping mall 쇼핑몰에 회원 가입을 하다
log in to, sign in to 로그인하다
log out of, sign out of 로그아웃하다

category 상품 카테고리, 범주
add to cart[bag] 장바구니에 넣다
add to wish list 위시리스트에 넣다
edit cart 장바구니를 수정하다

order 주문하다
enter shipping address 배송지 주소를 적다
shipping information 배송 정보 (받을 사람 이름, 주소, 전화, 이메일 등)
payment information 결제 정보 (결제 방법, 카드 종류 등)
continue to payment, proceed to checkout 결제를 진행하다

order number 주문 번호
tracking number 송장 번호
shipping and handling charge, delivery charge 배송료
charge ~ for shipping (and handling) 배송료를 부과하다
send ~ by C. O. D. (cash[collect] on delivery) 착불로 보내다
deliver ~ for free 무료로 배송하다
free shipping 무료 배송
return item 반품을 신청하다
choose items to return 반품할 물건을 선택하다

overseas purchase 해외 직구
foreign site 해외 사이트
order from abroad 해외에서 직접 구매하다
Black Friday 블랙 프라이데이 (11월 마지막 주 금요일로, 대폭 할인 판매 실시)
Cyber Monday 사이버 먼데이 (블랙 프라이데이 다음 월요일로, 대폭 할인 판매 실시)
Boxing Day 복싱 데이 (크리스마스 다음 날로, 할인 판매 실시)
shipping address 배송 받을 주소 (해외 직구에선 보통 배송 대행지 주소)
billing address 대금 청구 주소 (카드 발급 주소, 해외 직구에선 보통 배송 대행지 주소)
PCCC(Personal Customs Clearance Code),
PCC(Personal Clearance Code), Customs ID Number 개인통관고유번호
sales tax 해외에서 상품을 구매할 때 부과되는 소비세
back order 상품의 재고가 없어서 제조사에 주문 요청을 한 상태 (상품이 들어오면 배송)
off load 항공사 사정으로 주문한 상품이 예정된 항공편이 아닌 다음 항공편에 선적되는 것
return label 반품 라벨 (반품 시 인쇄한 후 상자 겉면에 붙여야 함)

CHAPTER

11

국가

Nation

1 정치

politics 정치, 정치적 견해
politician 정치가(특히 선출직)
statesman (경험 많고 지도적인) 정치가
political power 정권(정치권력)

government 정부, 정치[통치] 체제, 행정
administration 행정, 행정부

legislation 입법 행위, 법률 제정
legislature 입법부
legislator, lawmaker 입법자, 국회의원

SENTENCES TO USE

정치는 우리 삶과 밀접한 관계가 있으니까 관심을 가져야 해.	Politics is closely related to our lives, so we should pay attention to it.
내 친구 아버지가 유명한 정치가였어.	My friends' father was a famous politician.
정권을 차지하는 것이 정당의 목표입니다.	The goal of a political party is to take political power.
정부는 부동산 가격 안정을 위해 노력하고 있어요.	The government is trying to stabilize real estate prices.
우리나라에서는 대통령이 행정부의 수반이야.	In our country, the president is the head of the administration.
국회가 하는 일은 입법, 즉 법률을 제정하는 거야.	What the National Assembly does is legislation, that is to enact laws.

National Assembly 국회
member of the National Assembly 국회의원

jurisdiction 사법, 사법권
judiciary 사법부

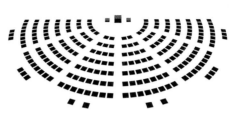

political party 정당
ruling party 여당
opposition party 야당
progressive 진보적인, 진보주의의
conservative 보수적인
liberal 자유주의의, 진보주의의, 진보적인

SENTENCES TO USE

우리나라 국회의원은 300명이야.	There are 300 members in the National Assembly of our country.
국가 권력은 행정부, 입법부, 사법부로 나뉘어요.	The state power is divided into the administration, the legislature and the judiciary.
사법부의 수장은 대법원장이죠.	The head of the judiciary is the Chief Justice of the Supreme Court.
여당은 정권을 쥐고 있는 당이에요.	The ruling party is the party that holds the power.
야당은 정부를 비판하고 견제하는 게 당연하죠.	The opposition party should criticize and check the government.
그 사람은 성향이 진보적이야 보수적이야?	Is he progressive or conservative?

democracy 민주주의
democratic 민주주의의, 민주적인

republic
공화국

dictatorship
독재 (국가)

monarchy
군주제

anarchy
무정부

parliamentary democracy 대의제 민주주의
totalitarianism 전체주의 (**totalitarian** 전체주의의)
socialism 사회주의 (**socialist** 사회주의자, 사회주의의)
capitalism 자본주의 (**capitalist** 자본주의자, 자본주의적인)
communism 공산주의 (**communist** 공산주의자, 공산주의의)

SENTENCES TO USE

민주주의의 반대가 사회주의야 공산주의야?
Is the opposition of democracy socialism or communism?

공화국은 주권이 국민에게 있는 나라예요.
A republic is a country where sovereignty resides with its people.

전체주의 체제에서는 개인은 집단을 위해서만 존재하죠.
In a totalitarian regime, individuals exist only for groups.

자본주의는 정치 체제가 아니라 경제 체제야.
Capitalism is not a political system but an economic system.

효과적인 교육 정책을 수립할 필요가 있습니다.
It is necessary to establish an effective education policy.

그 국회의원이 올해에 가장 많은 법안을 발의했대.
The lawmaker proposed the most bills this year.

국무총리와 장관은 대통령이 임명해.
The Prime Minister and the Ministers are appointed by the President.

establish a policy 정책을 수립하다
propose a bill 법안을 발의하다
pass a bill 법안을 통과시키다[가결하다]
appoint 임명하다
impeach 탄핵하다 (**impeachment** 탄핵)

president 대통령
vice president 부통령
prime minister 수상, 국무총리
minister 장관
vice minister 차관

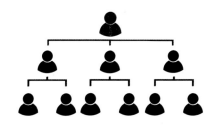

정부 부처

기획재정부	Ministry of Economy and Finance
교육부	Ministry of Education
외교부	Ministry of Foreign Affairs
법무부	Ministry of Justice
통일부	Ministry of Unification
국방부	Ministry of National Defense
행정안전부	Ministry of the Interior and Safety
국토교통부	Ministry of Land, Infrastructure and Transport
과학기술정보통신부	Ministry of Science and ICT
문화체육관광부	Ministry of Culture, Sports and Tourism
농림축산식품부	Ministry of Agriculture, Food and Rural Affairs
산업통상자원부	Ministry of Trade, Industry and Energy
보건복지부	Ministry of Health and Welfare
환경부	Ministry of Environment
고용노동부	Ministry of Employment and Labor
여성가족부	Ministry of Gender Equality and Family
해양수산부	Ministry of Oceans and Fisheries
중소벤처기업부	Ministry of SMEs and Startups

투표, 선거

vote 투표하다, 투표, 표결
voter 투표자, 투표권자, 유권자
voting right, right to vote 투표권
hold a referendum on ~에 대해 국민투표를 하다
elect 선거로 뽑다
have[hold] an election 선거를 실시하다 (**election** 선거)
election day 선거일
presidential election 대통령 선거
parliamentary election, National Assembly election 국회의원 선거, 총선

SENTENCES TO USE

나는 오늘 아침 일찍 투표했어.	I voted early this morning.
한국인들은 만 18세부터 투표권을 갖습니다.	Koreans have the right to vote at the age of 18.
영국은 브렉시트에 대해 국민투표를 실시했다.	The United Kingdom held a referendum on Brexit.
지방자치단체장은 선거로 뽑습니다.	The heads of local governments are elected by the people.
대통령 선거는 5년에 한 번, 국회의원 선거는 4년에 한 번 아니야?	Isn't the presidential election held once every five years and the parliamentary election once every four years?
올해 4월에 국회의원 선거가 실시돼요.	The National Assembly election will be held in April this year.

run for the National Assembly
국회의원 선거에 출마하다

run for presidency 대통령에 출마하다
run for mayor 시장에 출마하다
candidate 후보자

go on a campaign, canvass
선거 운동을[유세를] 하다

support a candidate 후보자를 지지하다
election campaign 선거 운동

poll, opinion poll, opinion survey, public opinion poll
여론 조사

conduct a (public opinion) poll
여론 조사를 하다

election result
선거 결과

win/lose an election
선거에서 이기다/지다

SENTENCES TO USE

그 전직 앵커는 국회의원 선거에 출마했어요.	The former anchor ran for the National Assembly.
후보자 가족이 선거 운동을 하던데.	The candidate's family is going on a campaign.
너는 지지하는 후보자가 있어?	Do you have a candidate to support?
최근의 여론 조사 결과에 따르면 여당 지지율이 조금 상승했어요.	According to a recent poll, the ruling party's approval rating has risen slightly.
선거 결과가 언제 발표될까요?	When will the election result be announced?
현직 의원이 선거에서 졌어요?	Did the incumbent lose the election?

diplomacy 외교
diplomat 외교관
foreign policy 외교 정책
Ministry of Foreign Affairs 외교부

ally, allied nations 동맹국
make an alliance 동맹을 맺다

embassy 대사관
ambassador 대사

---

negotiate 협상하다, 교섭하다 (**negotiation** 협상, 교섭)
intervene 중재하다, 개입하다 (**intervention** 조정, 중재, 개입)

SENTENCES TO USE

외교는 다른 나라들과 정치적, 경제적, 문화적 관계를 맺는 일이에요.	Diplomacy is the establishment of political, economic and cultural relations with other countries.
나의 어릴 적 꿈은 외교관이었어.	My childhood dream was to be a diplomat.
일본은 한국의 동맹국이 아닙니다.	Japan is not an ally of Korea.
그 나라에 한국 대사관이 있어?	Is there a Korean Embassy in that country?
북한과 미국이 비핵화 협상을 진행 중이에요.	North Korea and the U.S. are negotiating denuclearization.
홍콩 사태에 미국은 직접적으로 개입하기 어렵죠.	It is difficult for the United States to intervene directly in the Hong Kong situation.

sign[form, conclude] a treaty
조약을 체결하다

sign[conclude] an agreement
협정을 체결하다

have a summit 정상회담을 하다
inter-Korean summit 남북정상회담

international organization
국제기구

---

declare 선언하다, 공표하다 (**declaration** 선언, 공표, 선언문)
impose[call for] a sanction 제재를 가하다
protocol 외교 의례, 의전
friction 충돌, 불화, 알력
refugee 난민

SENTENCES TO USE

아편전쟁의 종결을 위해 영국과 청나라는 1842년에 난징조약을 체결했습니다.

To end the Opium War, the United Kingdom and Qing Dynasty signed the Nanjing Treaty in 1842.

한국과 미국은 2007년에 자유무역협정을 체결했어요.

South Korea and the United States signed a free trade agreement(FTA) in 2007.

2018년 4월 27일, 판문점에서 남북정상회담이 열렸어.

The inter-Korean summit was held at Panmunjom on April 27, 2018.

포츠담 선언을 통해 미국, 영국, 중국의 수뇌는 일본의 항복을 권고했습니다.

Through the Potsdam Declaration, the heads of the United States, Britain and China recommended Japan surrender.

미국이 북한에 경제 제재를 가하고 있죠.

The United States is imposing economic sanctions on North Korea.

2018년, 500명이 넘는 예멘 난민들이 제주도로 입국했습니다.

In 2018, more than 500 Yemeni refugees entered Jeju Island.

211

4 군사

military 군, 군대, 군의, 군사의
military action 군사 행동, 군사 작전
join the army 군에 가다, 입대하다
be discharged from the military service 제대하다

military power, military force 군사력
armed forces (한 국가의) 군대
do one's military service 군복무하다

soldier
군인, 병사

officer
장교

army
군, 군대, (the ~) 육군

navy
해군

air force
공군

the Marines,
the Marine Corps
해병대

SENTENCES TO USE

2019년 현재 한국의 군사력은 세계 7위야.
As of 2019, South Korea's military power is the seventh-largest in the world.

대부분의 나라는 군대를 보유하고 있어요.
Most countries have armed forces.

우리 아버지는 전방에서 군복무를 하셨어.
My father did his military service in the front line.

네 동생은 언제 제대해?
When will your brother be discharged from the military service?

한국 공군의 상징은 보라매, 즉 길들인 매야.
The symbol of the Korean Air Force is Boramae, or tamed hawk.

그 가수는 해병대에 자원입대했어.
The singer volunteered for the Marine Corps.

attack 공격하다, 공격
defend 방어하다
defense 방어

battle 전투
enemy troops[forces] 적군
allied forces 연합군

terrorist 테러범, 테러리스트
terrorist attack 테러 공격

weapons of mass destruction
대량 살상 무기
disarmament
군비 축소

develop nuclear weapons 핵무기를 개발하다
denuclearize 비핵화하다
denuclearization 비핵화
denuclearization talks/agreement 비핵화 회담/합의
denuclearization of the Korean peninsula 한반도 비핵화

SENTENCES TO USE

미국과 영국이 2003년에 이라크를 공격했습니다.

The United States and Britain attacked Iraq in 2003.

명량해전에서 조선의 수군은 일본에 승리를 거두었죠.

In the Battle of Myeongnyang, the navy of Joseon won a victory over Japan.

2차 세계 대전에서는 연합군이 승리했어.

In World War II, the Allied Forces won.

2001년 테러 공격으로 세계무역센터 건물 두 동이 붕괴되었죠.

Two World Trade Center buildings collapsed in 2001 due to a terrorist attack.

북한은 1960년대부터 핵무기를 개발해 왔습니다.

North Korea has been developing nuclear weapons since the 1960s.

한국의 대통령은 한반도 비핵화를 위해 노력하고 있어요.

The Korean President is working to denuclearize the Korean Peninsula.

CHAPTER

12

사회

Society

임신, 출산, 육아

임신, 출산

be pregnant 임신하다
pregnancy 임신
pregnant woman
임신부

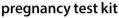

do[take] a pregnancy test
임신 테스트를 하다
pregnancy test kit
임신 테스트기

have morning sickness
입덧을 하다

**give birth to a baby,
deliver a baby**
아기를 낳다, 분만하다
childbirth 출산, 분만

newborn baby
신생아

umbilical cord
탯줄

SENTENCES TO USE

저 임신부에게 자리를 양보해 주세요.	Please give your seat to the pregnant woman.
되도록 빨리 임신 테스트를 해 봐.	Do a pregnancy test as soon as possible.
저는 입덧을 심하게 했어요.	I had bad morning sickness.
아버지가 신생아의 탯줄을 잘랐어요.	The father cut the umbilical cord of the newborn baby.
큰아이는 자연 분만으로 낳았어요.	I delivered my oldest child by natural birth.
우리 언니는 제왕절개 수술로 태어났어.	My sister was born by Caesarean section.

deliver[give birth to] ~ by natural birth 자연 분만으로 낳다
be born by natural birth 자연 분만으로 태어나다
have a Caesarean section 제왕절개 수술을 하다
be born by Caesarean section 제왕절개 수술로 태어나다
miscarry, have a miscarriage 유산하다
birth rate 출산율
promote[encourage] childbirth 출산을 장려하다
pay a childbirth grant 출산 장려금을 지급하다
impose birth control 산아제한을 실시하다

SENTENCES TO USE

2018년 현재 한국의 출산율은 가임 여성 1인당 0.977명으로 세계 최저였습니다.

As of 2018, Korea's birth rate was 0.977 births per fertile woman, the lowest in the world.

정부는 다양한 방법으로 출산을 장려하고 있어요.

The government is encouraging childbirth in a variety of ways.

과거에는 정부가 산아제한을 실시했죠.

In the past, the government imposed birth control.

제왕절개

제왕절개는 영어로 Caesarean section이라고 합니다. Caesarean은 Caesar(고대 로마의 정치가 율리우스 카이사르)의 형용사형입니다. Caesarean section의 독일어인 Kaiserschnitt 를 일본어로 직역한 帝王切開를 우리말로 다시 옮긴 것이 '제왕절개'입니다.

카이사르가 이 방법으로 태어나 그의 이름에서 Caesarean section이라는 용어가 유래했다 는 설이 있으나 이는 사실과 다르다고 합니다. 로마의 작가 플리니우스가 '절개하다'라는 뜻의 'caesum'을 가지고 '섹티오 카이사레아(sectio caesarea)'란 용어를 만들었는데, caesarea의 발음이 카이사르와 비슷해 생긴 오해라는 것입니다. 아무래도 후자가 더 사실적으로 들리지요?

get an abortion 임신 중절 수술을 받다 (**abortion** 낙태, 임신 중절)
support abortion 낙태를 찬성하다 (**pro-choice** 낙태에 찬성하는)
oppose abortion 낙태를 반대하다 (**pro-life** 낙태를 반대하는)

postpartum care 산후조리
postpartum care center 산후조리원
recover after childbirth, get[receive] postpartum care 산후조리를 하다
be on maternity leave 출산 휴가 중이다 (**maternity leave** 출산 휴가)
be on childcare leave 육아 휴직 중이다 (**childcare leave** 육아 휴직)

SENTENCES TO USE

우리나라에서 임신 중절은 불법이야.	Abortion is illegal in our country.
가톨릭 교회는 낙태에 반대해.	The Catholic Church opposes abortion.
낙태에 찬성하세요, 반대하세요?	Are you pro-choice or pro-life?
요즘은 대부분 산후조리원에서 산후조리를 하지.	Nowadays, most mothers get postpartum care in postpartum care centers.
그 사람 지금 출산 휴가 중입니다.	She is on maternity leave now.
육아 휴직을 얼마나 쓸 수 있어?	How long can you use your childcare leave?

**bring up
[raise] a baby**
아기를 기르다

breastfeed
모유 수유를 하다
breastfeeding 모유 수유

bottle feed 분유를 먹이다
bottle feeding 분유 먹이기
baby bottle 젖병

**change a
diaper**
기저귀를 갈다

stroller
유모차

potty
유아용 변기

baby food
이유식

childcare facilities
육아 시설

daycare center
어린이집

**nanny,
baby sitter**
아이 돌보미

SENTENCES TO USE

모유 수유를 하는 게 산모와 아이 모두에게 좋죠.	Breastfeeding is good for both mothers and children.
젖병을 뜨거운 물로 소독하는 게 좋을까요?	Would it be good to disinfect the baby bottle with hot water?
기저귀 갈아 본 적 있어?	Have you ever changed a diaper?
우리 애는 아직도 유모차를 타고 싶어 해요.	My child still wants to ride in a stroller.
저는 아이에게 이유식을 직접 만들어 먹여요.	I make my own baby food.
어린이집에 몇 살부터 갈 수 있어요?	At what age can a child go to a daycare center?

219

2 인권, 성평등, 복지

protect[support] human rights 인권을 보호하다[옹호하다]
violate[infringe on] human rights 인권을 침해하다[유린하다]
welfare policy 복지 정책
social worker 사회 복지사

---

gender equality
성평등

gender discrimination
성차별

Me Too movement
미투 운동

welfare 복지 / **public welfare** 공공복지 /
social welfare 사회복지

SENTENCES TO USE

현재의 수사 방식은 인권을 침해하고 있어요.	The current investigation method is infringing on human rights.
성평등 인식이 많이 개선되었죠.	The perception of gender equality has improved a lot.
미투 운동은 2017년 할리우드에서 시작됐어요.	The Me Too movement started in Hollywood in 2017.
정부는 다양한 공공복지 정책을 실시하고 있죠.	The government is implementing various public welfare policies.
한국은 고령화 사회에서 고령 사회로 가고 있다.	Korea is moving from an aging society to an aged society.
2008년에 정부는 기초 노령 연금 지급을 시작했습니다.	In 2008, the government began paying basic old-age pension.

welfare for senior citizens[the elderly] 노인 복지
aging society 고령화 사회
aged society 고령 사회
basic old-age pension 기초 노령 연금
old-age pensioner 노령 연금 수령자

child benefit
아동 수당

**support a
single-parent family**
한 부모 가정을 지원하다

**welfare for
the disabled
[handicapped]**
장애인 복지

give aid to[relieve] the poor 빈민을 구제하다
national basic livelihood security recipient 기초 생활 수급자
increase welfare budget 복지 예산을 늘리다
universal welfare 보편적 복지
selective welfare 선별적 복지

고령화 사회, 고령 사회, 초고령 사회
- aging society(고령화 사회) : 총인구 중 만 65세 이상 인구 비율이 7% 이상
- aged society(고령 사회) : 14% 이상
- super-aged society(초고령 사회) : 20% 이상

보편적 복지, 선별적 복지
- universal welfare(보편적 복지) : 국민 모두에게 제공. 건강보험, 국민연금, 학교 무상 급식, 기초 노령 연금, 아동 수당, 보육료 지원, 양육 수당 등
- selective welfare(선별적 복지) : 필요로 하는 사람에게만 제공. 국민 기초 생활 보장, 한 부모 가족 지원, 장애인 복지 등

재해, 사고

재해

natural disaster 자연재해   **human disaster** 인재(인적 재해)

fire
화재

forest fire
산불

earthquake 지진
aftershock 여진

heavy rainfall
폭우, 호우

**localized
heavy rain**
집중 호우

typhoon
태풍

heavy snowfall
폭설

flood
홍수

drought
가뭄

landslide
산사태

tsunami
쓰나미, 지진 해일

SENTENCES TO USE

자연재해는 못 막아도 인재는 막아야 합니다.	Even if natural disasters cannot be prevented, human disasters should be prevented.
캘리포니아에서는 거의 해마다 큰 산불이 나.	A big forest fire occurs almost every year in California.
한국도 이제 지진에서 자유롭지 않아요.	Korea is no longer free from earthquakes.
집중 호우는 산사태를 일으킬 수 있어요.	Localized heavy rain can cause landslides.
올해엔 10월에도 태풍이 오네요.	There is a typhoon coming in October this year.
그해엔 봄부터 여름까지 가뭄이 심했어.	There was a severe drought from spring to summer that year.

heat wave 폭염
shelter, refuge 피난처, 보호 시설, 쉼터

cold wave 한파
refugee 피난민

사고

have a car[traffic] accident
자동차 사고를 당하다

have a car crash
자동차 충돌[추돌] 사고를 당하다

have a fender bender 접촉 사고를 당하다

air crash, (air)plane crash
비행기 추락 사고

suffer shipwreck
난파[조난] 사고를 당하다

survive an accident/a crash/ a shipwreck
사고/충돌, 추락 사고/
조난 사고에서 살아남다

call an ambulance
구급차를 부르다

go to an ER
응급실에 가다

be taken to an ER
응급실에 실려가다

SENTENCES TO USE

오늘 서울은 한파 주의보가 내려졌어요.	A cold wave warning was issued in Seoul today.
지진으로 인한 난민들이 쉼터에서 지내고 있어요.	Refugees from the earthquake are staying in the shelter.
오늘 집에 오는 길에 접촉 사고가 났어.	I had a fender bender on my way home today.
그 가수는 비행기 추락 사고로 세상을 떠났어요.	The singer died in an airplane crash.
그 조난 사고에서 살아남은 사람들은 큰 트라우마를 겪었어요.	Those who survived the shipwreck suffered great trauma.
구급차 좀 불러주세요!	Call an ambulance, please!

4 범죄

commit a crime 범죄를 저지르다
violent crime 강력 범죄(살인, 납치, 강도, 성폭행 등)
suspect 용의자, 혐의자
get ~ stolen, be robbed of ~ ~을 도둑맞다

cyber crime
사이버 범죄

criminal **victim**
범인, 범죄자 피해자

theft, burglary
절도

robbery
강도

**have one's pocket picked,
be[get] pick pocketed**
소매치기를 당하다
pickpocket 소매치기

con, swindle
사기, 사기 치다
fraud
사기, 사기꾼

speeding
(자동차) 속도위반
speeding ticket 속도위반 딱지

SENTENCES TO USE

범죄는 저지르지 않고 살아야지.	You must live without committing a crime.
경찰은 용의자를 지명 수배했어요.	The police put the suspect on the wanted list.
그 애는 태블릿 PC를 도둑맞았어.	He got his tablet PC stolen.
로마에서 소매치기를 당했어.	I had my pocket picked in Rome.
사기당해 본 적 있어요?	Have you ever been swindled?
자동차 속도위반 딱지를 받았어.	I got a speeding ticket.

be[get] hacked into
~을 해킹당하다

murder
살인, 살인하다

murderer 살인자
serial murder 연쇄 살인
serial killer 연쇄 살인범

assault, violence
폭행, 폭력

arson
방화

arsonist 방화범
set ~ on fire, set fire to
~에 불을 지르다[방화하다]

kidnap
납치하다, 유괴하다

kidnapper
납치범, 유괴범

sexual violence
성폭력
(성희롱, 성추행, 성폭행)

sexual harassment
성희롱

sexual assault
성추행, 성폭행

rape
강간하다, 강간
(rapist 강간범)

white-collar crime
화이트칼라 범죄

SENTENCES TO USE

나 인스타그램 계정 해킹당했어.	I got hacked into my Instagram account.
연쇄 살인범이 20년이 넘어서야 붙잡혔어요.	The serial killer was captured after more than 20 years.
그는 폭행 혐의로 입건되었습니다.	He was charged with assault.
2008년에 한 노인이 숭례문에 불을 질렀어.	An old man set Sungnyemun on fire in 2008.
성폭력을 전문으로 다루는 변호사들이 있어요.	There are lawyers who specialize in sexual violence.
화이트칼라 범죄는 사회적, 경제적, 기술적 힘을 지닌 사람들이 저지르지.	White-collar crime is committed by those who have social, economic, or technological power.

bribe
뇌물, 뇌물을 주다
bribery 뇌물 수수

embezzle
횡령하다

take drugs
마약을 복용하다

drug dealing
마약 거래

police officer
경찰관

patrol car
순찰차

evidence 증거
clue 단서

fingerprint
지문

investigate 수사하다
police station 경찰서 / **police box** 파출소
prosecutor 검사 / **the prosecution** 검찰
scientific investigation 과학 수사
KCSi(Korea Crime Scene Investigation) 한국경찰과학수사대

SENTENCES TO USE

그 학교 교장은 뇌물 수수 혐의로 파면당했어.	The principal of the school was dismissed for bribery charges.
검사들은 명백한 증거도 없이 사건을 기소했죠.	The prosecutors indicted the case without any apparent evidence.
지문 덕분에 범인을 잡을 수 있었어요.	They were able to catch the criminal thanks to the fingerprint.
경찰이 그 사건을 수사하고 있어요.	The police are investigating the case.
우리 집 근처에 파출소가 있어.	There's a police box right near my house.
과학 수사 기술이 계속해서 발전하고 있어요.	Scientific investigation technology continues to develop.

chase
뒤쫓다

flee
도망치다

arrest
체포하다

handcuffs
수갑

interrogate 심문하다
interrogation 심문
confess 자백하다

be taken into custody
구치소에 수감되다, 구속되다

witness 목격자
request/issue a warrant 영장을 청구하다/발부하다
arrest warrant 체포 영장
search warrant 수색 영장
cold case 미제 사건

SENTENCES TO USE

한 남성이 사건 현장에서 체포되었어요.	A man was arrested at the scene of the crime.
검사는 용의자가 자백했다고 말했어요.	The prosecutor said that the suspect had confessed.
그 사람은 결국 구속되었어요.	The man was eventually taken into custody.
사건 목격자로 경찰서에 다녀왔어.	I went to the police station as a witness to the case.
법원에서 영장을 발부했어요.	The court issued a warrant.
미제 사건의 해결을 위해 노력하는 경찰들이 있어요.	There are police officers who are trying to solve the cold cases.

법, 재판

observe[keep, obey, abide by] the law 법을 지키다
apply the law 법을 적용하다, 법을 시행하다
court 법정
try 재판을 하다 / trial 재판
case 사건
file a suit[lawsuit] 소송을 제기하다 (lawsuit 소송, 고소)
accuse 고발하다, 고소하다
indict 기소하다
lawyer 변호사
prosecutor 검사

SENTENCES TO USE

대부분의 사람들은 법을 잘 지킵니다.	Most people abide by the law.
모든 사람에게 법을 동일하게 적용해야죠.	The law should be applied equally to everyone.
그 사람은 살인 혐의로 재판을 받았어요.	The man was tried for murder.
그 여자는 남편을 상대로 소송을 걸었어요.	She filed a lawsuit against her husband.
한 시민 단체가 그 정치가를 고발했습니다.	A civic group accused the politician.
변호사를 선임하는 데 돈이 많이 드나요?	Does it cost us a lot of money to hire a lawyer?

judge
판사, 재판하다

**defendant,
the accused**
피고

plaintiff
원고

juror
배심원

jury
배심원단

rule
판결을 내리다

ruling, decision
판결

---

witness (법정의) 증인
give testimony (법정에서) 증언하다
plead, defend 변론하다
dismiss 기각하다

SENTENCES TO USE

판사는 검사에게 주의를 주었어요.	The judge warned the prosecutor.
피고는 법정에 출석하지 않았습니다.	The defendant did not appear in court.
형사 사건의 원고는 검사예요.	The plaintiff in a criminal case is the prosecutor.
한국에서도 2008년부터 배심제도가 실시되고 있어요.	The jury system has been implemented in Korea since 2008.
판사가 판결을 내렸어요.	The judge ruled.
그 사람이 재판에 출석해서 증언을 해 줬어.	He attended the trial and gave testimony.

MP3 096

sentence 형을 선고하다, 선고
be sentenced to ~ 형을 받다
final trial 선고 공판, 결심 공판
be found guilty 유죄 판결을 받다
be found not guilty 무죄 판결을 받다
fine, impose a fine 벌금을 부과하다 (**fine** 벌금)
appeal 항소하다
serve ~ in prison 복역하다
go to jail[prison], be sent to[put into] jail[prison] 감옥에 가다

SENTENCES TO USE

법정은 피고에게 무기징역을 선고했어요.	The court sentenced the defendant to life imprisonment.
그 연쇄 살인마는 사형을 선고받았습니다.	The serial killer was sentenced to death.
그 사람은 재판에서 유죄 판결을 받았어.	The man was found guilty at the trial.
경찰은 그에게 벌금 100만원을 부과했어요.	The police fined him 1 million won.
검사는 곧바로 항소했어요.	The prosecutor appealed immediately.
그 사람은 17년을 복역했어.	He served 17 years in prison.

법원의 종류
Supreme Court 대법원
High Court 고등법원
District[Local] Court 지방법원
Family Court 가정법원

재판
1심 : the first trial
2심(항소심) : the second trial
3심(결심) : the third trial, the final trial

230   CHAPTER 12 SOCIETY

Even if natural disasters cannot be prevented,

HUMAN DISASTERS SHOULD BE PREVENTED.

6 매체, 언론

the media 매체 (**the mass media** 대중 매체)
journalism 저널리즘
news agency 통신사
article 기사
editorial 사설
cover 취재하다
correspondent 특파원
breaking news 긴급 속보, 특보

the press
언론

**morning/evening
(news)paper**
조간/석간신문

**online
newspaper**
인터넷 신문

**journalist,
reporter**
기자

SENTENCES TO USE

통신사는 신문사와 방송사에 뉴스를 제공해요.	The news agency provides news to newspapers and broadcasters.
그 애의 아버지는 중국 특파원이었어.	Her father was a correspondent in China.
TV에서 재판 결과가 속보로 나오고 있네요.	The results of the trial are coming out in breaking news on TV.
언론의 역할과 책임에 대한 고민이 필요해요.	We need to think about the role and responsibility of the press.
요즘은 대부분 인터넷에서 신문 기사를 봐요.	Nowadays, most people read newspaper articles on the Internet.
그 기자는 몇 년째 그 사건을 취재하고 있어.	The journalist has been covering the case for years.

have an interview (기자가) 인터뷰를 하다
give an interview (인터뷰 대상자가) 인터뷰를 하다
interviewer 인터뷰어 (인터뷰하는 사람)
interviewee 인터뷰이 (인터뷰 대상자)

broadcast 방송, 방송하다
broadcaster, broadcasting station
[company] 방송국, 방송사
TV/radio station TV/라디오 방송국
Internet broadcast 인터넷 방송
live broadcast 생방송

give[hold] a press conference 기자 회견을 하다 (**press conference** 기자 회견)
weekly/monthly magazine 주간지/월간지
personal broadcasting 개인 방송
one-person media 1인 미디어

SENTENCES TO USE

나 어제 TV 방송사와 인터뷰를 했어.   I gave an interview to a TV station yesterday.

그들의 콘서트가 TV에서 방송되었어요.   Their concert was broadcast on TV.

우리 언니는 방송국에서 라디오 PD로 일해.   My sister works as a radio producer at a broadcasting station.

그 가수가 은퇴 기자 회견을 했어요.   The singer gave a press conference about his retirement.

요즘은 개인 방송을 하는 사람들이 무척 많아요.   There are a lot of people doing personal broadcasting these days.

1인 미디어에는 빛과 그림자가 있죠.   One-person media has light and shadow.

7 종교

believe in ~ (종교)를 믿다
convert to ~로 개종하다

Christianity 기독교
Christian 기독교도
Catholic Church
가톨릭교회, 천주교회
Catholic 가톨릭교도, 천주교도
Catholicism 가톨릭교, 천주교
Protestantism 개신교
Protestant 개신교도

Buddhism 불교
Buddhist 불교도

Won Buddhism
원불교

Won Buddhist
원불교도

Islam
이슬람교

Muslim
이슬람교도

Hinduism 힌두교,
Hindu 힌두교도

Judaism 유대교,
Judaist, Jew 유대교도

* **shamanism** 샤머니즘, 무속 신앙
* **Confucianism** 유교
* **Taoism** 도교

SENTENCES TO USE

그 사람은 결혼 후에 가톨릭으로 개종했어.	He converted to Catholicism after he got married.
가톨릭과 개신교가 모두 기독교야.	Both the Catholic Church and the Protestantism belong to Christianity.
원불교는 한국에서 1910년대에 생긴 종교야.	Won Buddhism originated in Korea in the 1910s.
이슬람교도들은 돼지고기를 먹지 않아.	Muslims do not eat pork.
유대교는 신약 성서를 인정하지 않아요.	Judaism does not recognize the New Testament.
과거에는 무속 신앙이 널리 퍼져 있었죠.	In the past, shamanism was widespread.

Bible
성경, 성서

* **Buddhist scriptures**
불교 경전

go to mass
(성당에 가서) 미사를 드리다

attend a service
예배에 참석하다

be baptized
세례를 받다

baptism 세례

attend/hold a Buddhist service
예불을 드리다/법회를 열다

cathedral
대성당(주교가 있는 성당)

Catholic Church
성당

church
교회

Buddhist temple
절, 불교 사원

mosque
이슬람 사원

synagogue
유대교 회당

SENTENCES TO USE

우리 할머니는 불교 경전을 자주 읽으셔.	My grandmother often reads Buddhist scriptures.
그 가족은 일요일이면 미사를 드리러 가요.	The family goes to mass every Sunday.
수요일에도 예배에 참석하는 거야?	Do you attend the service on Wednesdays as well?
나는 10년 전에 가톨릭 세례를 받았어요.	I was baptized a Catholic 10 years ago.
우리나라에서 절은 보통 산 속에 있죠.	In our country, Buddhist temples are usually in the mountains.
서울에 이슬람 사원이 있어.	There is a mosque in Seoul.

cross
십자가

pray 기도하다
prayer 기도

preach
설교하다

hymn
찬송가

the Pope
교황

cardinal
추기경

priest
사제, 신부

nun
수녀

minister
목사

(Buddhist) monk
승려, 스님
Buddhist nun 비구니

rabbi
랍비 (유대교의 율법학자)

imam
이슬람교 지도자

SENTENCES TO USE

우리 엄마는 매일 아침저녁 기도를 해.	My mom prays every morning and evening.
어려서 배웠던 찬송가 중에 기억나는 게 몇 곡 있어.	I remember a few of the hymns I learned as a child.
교황은 전 세계 가톨릭교회의 수장입니다.	The Pope is the head of the Catholic Church around the world.
한국 최초의 추기경은 고 김수환 추기경이에요.	The first cardinal in Korea is the late Cardinal Kim Soo-hwan.
우리 삼촌은 가톨릭 신부님이셔.	My uncle is a Catholic priest.
한국의 스님들은 결혼을 할 수 없어요.	Korean Buddhist monks cannot get married.

Nowadays, most people read newspaper articles on the Internet.

There are a lot of people
doing personal broadcasting
these days.

LIVE STREAMING

13

교통, 운전

Traffic & Driving

교통 전반

drive a car/ truck/van
자동차/트럭/승합차를 운전하다

take a bus/taxi/ train/subway/tram/ boat/ship/ferry
버스/택시/기차/지하철/전차/ 보트/배/페리를 타다

ride a bicycle[bike]/ motorcycle[motorbike]/ scooter/moped/horse
자전거/오토바이/스쿠터/모페드/말을 타다

get on/off a bus 버스에 오르다/버스에서 내리다
get in/out of a car/taxi 자동차/택시를 타다/자동차/택시에서 내리다
catch a train/bus 기차/버스를 타다
miss a train/bus 기차/버스를 놓치다
give someone a ride ~를 차에 태워주다
hitchhike 히치하이킹을 하다

SENTENCES TO USE

오늘 시내에 나가느라 지하철을 탔어.	I took the subway to go downtown today.
보따리를 든 할머니가 힘겹게 버스에 올랐어요.	An old lady with a bundle got on the bus with difficulty.
하마터면 기차를 놓칠 뻔했지 뭐야.	I almost missed the train.
친구가 집까지 태워 줬어.	My friend gave me a ride home.

영어 도로 표지
STOP : 정지
DEAD END : 막다른 길
ONE WAY : 일방통행
DO NOT ENTER : 진입 금지
YIELD, GIVE WAY : 차량에게 우선 양보

MP3 100

passenger
승객

driver
운전자

pedestrian
보행자

road[traffic] sign
교통 표지판, 도로 표지판

traffic light[signal] 신호등
(red light 빨간 신호등
green light 녹색 신호등
yellow light 노란 신호등)

bus stop
버스 정거장

taxi stand
택시 승차장

train station 기차역
platform 승강장, 플랫폼

ticket office
매표소

get through the ticket
gate[ticket barrier]
개찰구를 통과하다

SENTENCES TO USE

차량보다 보행자가 우선시되어야 합니다.	Pedestrians should be given priority over vehicles.
도로 표지판을 이해하기 힘든 경우가 가끔 있어.	Sometimes it's hard to understand the road signs.
신호를 안 지키는 차들이 좀 있지요.	There are a few cars that don't observe the traffic signal.
병원 앞에 택시 승차장이 있어.	There's a taxi stand in front of the hospital.
기차가 승강장을 막 떠났어.	The train has just left the platform.
개찰구를 통과하면 바로 편의점이 보일 거야.	You'll see the convenience store as soon as you get through the ticket gate.

241

fasten[wear] a seat belt
안전띠를 매다

go straight
직진하다

turn right/left
우회전/좌회전을 하다

change lanes
차선을 바꾸다

park
주차하다

parking lot 주차장

---

speed up, accelerate 속도를 내다

slow down 속도를 늦추다

brake 제동을 걸다, 브레이크를 밟다

turn on a turn signal, put a turn signal on 방향 지시등을 켜다

pick someone up ~를 태우다

drop someone off ~를 내려주다

observe/neglect/violate the traffic signal 교통 신호를 지키다/무시하다/어기다

honk one's horn 경적을 울리다

SENTENCES TO USE

이제 차량의 모든 좌석에서 안전띠를 매야 합니다.	Now we need to fasten seat belts on every seat of the vehicle.
차를 갖고 다니면 주차장 없는 곳엔 가기가 곤란하죠.	If you drive, you won't be able to go to places without a parking lot.
내리막길에서는 속도를 늦춰야지.	You should slow down when you're going downhill.
갑자기 브레이크를 밟으면 안 되죠.	You shouldn't suddenly brake.
방향 지시등을 켜지 않고 차선을 바꾸는 차들이 있어.	There are cars that change lanes without turning on the turn signals.
쓸데없이 경적을 울리는 건 바람직하지 않아.	It's not desirable to honk your horn when it's not necessary.

have a car accident[crash]
자동차 사고가 나다

break down
고장 나다

have a flat tire
차가 펑크 나다

tow a car
차를 견인하다

have[get] the car checked/repaired
차를 점검하다/고치다

car service center 카센터
auto[car] repair shop 자동차 수리점
mechanic 정비사

gas station
주유소

put gas in a car 차에 휘발유를 넣다
fill a car with gas, gas up 휘발유를 가득 채우다
(**gasoline** 휘발유, **diesel** 경유)

EV charging station
(**electric vehicle charging station**)
전기차 충전소

charge an electric car
전기차를 충전하다

SENTENCES TO USE

운전 시작한 후로 자동차 사고 난 적 없어?	Haven't you ever had a car accident since you started driving?
차가 고장 나서 고치느라 돈이 많이 들었어요.	My car broke down and it cost me a lot to have it repaired.
카센터에서 차 점검을 받았어.	I had my car checked at the car service center.
제일 가까운 주유소가 어디 있어?	Where is the nearest gas station?
차에 기름 좀 넣고 출발하자.	Let's put gas in the car before we hit the road.
전기차 충전소가 근처에 있을까요?	Is there an electric vehicle charging station nearby?

wash a car 세차하다
car wash 세차장

go through an automatic car wash
자동 세차를 하다

speed limit
제한 속도, 속도 제한
speed camera
속도 감시 카메라

get a speeding/ parking ticket
속도/주차 위반 딱지를 받다

be congested 길이 막히다
be stuck in a traffic jam
교통 체증에 갇히다

centerline
중앙선
crosswalk 횡단보도

get one's driver's license
운전면허를 따다

used car 중고차
take out car insurance 자동차 보험을 들다

SENTENCES TO USE

나는 주유소에서 기름을 넣은 다음 자동 세차를 했어.

I put the gas in at the gas station and went through an automatic car wash.

그 고속도로의 제한 속도는 시속 110킬로미터야.

The speed limit on the highway is 110 kilometers per hour.

이번 달에만 주차 위반 딱지를 두 번 받았네.

I got two parking tickets this month alone.

도로가 꽉 막혔죠. 사실 그 도로는 늘 교통 체증이 심해요.

The road was very congested. In fact, there is always a heavy traffic jam on that road.

몇 살에 운전면허를 땄어?

At what age did you get your driver's license?

중고차를 살 때 조심해야 할 점이 뭐가 있을까요?

What should I be careful about when I buy a used car?

자동차 구조 : 외부

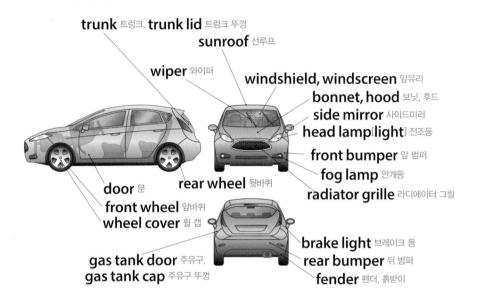

trunk 트렁크, **trunk lid** 트렁크 뚜껑

sunroof 선루프

wiper 와이퍼

windshield, windscreen 앞유리

bonnet, hood 보닛, 후드

side mirror 사이드미러

head lamp[light] 전조등

front bumper 앞 범퍼

fog lamp 안개등

radiator grille 라디에이터 그릴

door 문

rear wheel 뒷바퀴

front wheel 앞바퀴

wheel cover 휠 캡

gas tank door 주유구, **gas tank cap** 주유구 뚜껑

brake light 브레이크 등

rear bumper 뒤 범퍼

fender 펜더, 흙받이

자동차 구조 : 내부

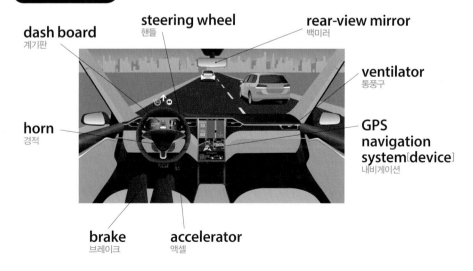

dash board 계기판

steering wheel 핸들

rear-view mirror 백미러

ventilator 통풍구

horn 경적

GPS navigation system[device] 내비게이션

brake 브레이크

accelerator 액셀

3 길 찾기, 방향

direction 방향
signpost 표지판, 이정표
road map 도로 지도
compass 나침반
northeast 북동쪽
northwest 북서쪽
southeast 남동쪽
southwest 남서쪽
street 양쪽에 건물이 있는 도로 (**st.**)
avenue 양쪽에 건물이 있는 도로 (**ave.**)
boulevard 가로수가 있는 큰길, 대로 (**blvd.**)
road (차가 달리는) 도로

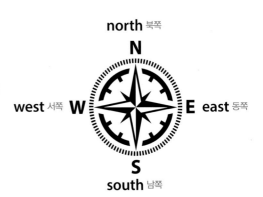

north 북쪽 / N
west 서쪽 W — E east 동쪽
S
south 남쪽

SENTENCES TO USE

요즘은 내비게이션이 있어서 도로 지도를 갖고 다니는 사람이 거의 없어요.

Nowadays, few people carry road maps because there are GPS navigation systems.

세종시는 대전광역시의 북서쪽에 있어.

Sejong City is in the northwest of Daejeon Metropolitan City.

boulevard, street, avenue, road
- boulevard : 양쪽에 가로수가 있는 넓은 도로. 보통 중앙 분리대가 있음.
- street : 양쪽에 건물이 있는 길. 보통 동서를 잇는 도로로, avenue와 수직을 이룸.
- avenue : 양쪽에 건물이 있는 길. 보통 남북을 잇는 도로로, street와 수직을 이룸.
- road : 두 지점을 이어 주는 자동차가 다니는 길.

MP3 **103**

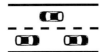

| **intersection, junction, crossroads** 교차로, 사거리 | **highway, freeway, expressway** 고속도로 | **one-way street** 일방통행로 | **turn right/left** 우회전/좌회전하다 |

shoulder 갓길
sidewalk, pavement, footpath 보도, 인도
go straight (**ahead**) 직진하다, 똑바로 가다
go past ~을 지나서 가다
stop at/in front of ~에서/~ 앞에서 멈추다
take the first/second right/left 첫 번째/두 번째 갈림길에서 오른쪽/왼쪽으로 가다
read a map 지도를 보다
ask the way (**to** ~로 가는) 길을 물어보다/**ask for directions** 길을 묻다

SENTENCES TO USE

사거리에서 우회전해.	Turn right at the intersection.
고속도로에서는 느리게 달려서도 안 돼.	You can't drive slow on the highway.
200미터쯤 직진하다가 좌회전하세요.	Go straight for about 200 meters and then turn left.
갓길로 운행하는 것은 위험합니다.	It's dangerous to drive on the shoulder.
우체국을 지나서 가다가 지하철역에서 멈춰.	Go past the post office and stop at the subway station.
모르겠으면 사람들에게 길을 물어봐.	Ask people the way if you don't know.

CHAPTER

14

스마트폰, 인터넷, 소셜 미디어

———

Smartphone, Internet, Social Media

스마트폰

unlock the smartphone
스마트폰 잠금 상태를 해제하다

text message
문자 메시지

text
문자 메시지를 보내다

messaging[texting] app
메신저 앱(카카오톡, 라인 등)

---

slide to unlock, unlock the phone by sliding it to the side
밀어서 스마트폰의 잠금 상태를 해제하다

enter a password/pattern to unlock the phone
비밀번호를/패턴을 입력하여 스마트폰의 잠금 상태를 해제하다

make a (phone) call 전화를 걸다
answer[get] a (phone) call, answer the phone 전화를 받다
make[do] a video call 영상 통화를 하다
use one's smartphone to access the Internet[to get online]
스마트폰으로 인터넷에 접속하다

SENTENCES TO USE

그 애는 하루 종일 문자 메시지를 보내는 것 같아.	She seems to be texting all day.
한국에서 가장 인기 있는 메신저는 카카오톡이야.	The most popular messaging app in Korea is Kakao Talk.
내 스마트폰은 패턴을 입력해서 잠금을 해제해.	I enter a pattern to unlock my smartphone.
그 애는 전화를 잘 안 받아.	She often doesn't answer the phone.
그 사람은 어린 딸과 영상 통화를 자주 해요.	He often makes video calls with his young daughter.
요즘은 많은 사람들이 스마트폰으로 인터넷에 접속하죠.	Nowadays, many people use their smartphones to access the Internet.

use an application[app] 앱을 사용하다
download an application[app]
앱을 다운로드하다

install an application[app]
앱을 깔다[설치하다]

update an application[app]
앱을 업데이트하다

a battery runs out
배터리가 떨어지다[닳다]

(high-speed) (battery) charger (고속) 충전기
portable charger 보조 배터리
home screen 배경 화면
lock screen 잠금 화면

charge a phone
전화를 충전하다

SENTENCES TO USE

그 라디오 앱 깔았어?	Did you install that radio app?
업데이트해야 할 앱이 5개야.	There are 5 apps that need to be updated.
배터리가 다 돼서 충전하고 다시 전화할게.	The battery has run out so I'm going to charge it and call you again.
고속 충전기로 스마트폰을 충전하면 좋아.	It's good to charge your smartphone with a high-speed charger.
스마트폰 배터리가 빨리 닳아서 보조 배터리를 가지고 다녀야 해.	The smartphone battery runs out quickly, so I have to carry around a portable charger.
배경 화면을 우리 강아지 사진으로 했어.	I put a picture of my dog on my smartphone home screen.

2 인터넷, 이메일

 인터넷

access a website
홈페이지에 접속하다

**surf[browse]
the Internet**
인터넷 서핑을 하다

**enter one's User ID
and password**
ID와 비밀번호를 입력하다

**bookmark a
website[page]**
즐겨찾기하다
bookmark 즐겨찾기

shop online
인터넷[온라인] 쇼핑을 하다
Internet[online] shopping
인터넷[온라인] 쇼핑

click
클릭하다

search[look] for information on a portal site 포털 사이트에서 정보를 검색하다
register[subscribe to] a website 웹사이트에 가입하다
sign in[log in to] a website 웹사이트에 로그인하다
sign out of[log out of] a website 웹사이트에서 로그아웃하다
copy 복사하다
paste 붙여 넣다

SENTENCES TO USE

나는 하루에 1시간 정도는 인터넷 서핑을 하는 것 같아.	I think I spend about an hour a day surfing the Internet.
로그인하려면 ID와 비밀번호를 입력하세요.	Please enter your User ID and password to sign in.
그 사이트를 즐겨찾기 해 뒀어.	I bookmarked that website.
나는 인터넷에서 쇼핑을 자주 해.	I shop online often.
요즘 사람들은 포털 사이트에서 정보를 찾고 뉴스를 봅니다.	These days, people look for information and watch the news on portal sites.
그 문장을 복사해서 붙여 넣으면 돼요.	You can copy and paste the sentence.

MP3 105

이메일

sender
보내는 사람

inbox
받은 편지함

outbox,
sent email 보낸 편지함

recipient
받는 사람

subject
제목

drafts
임시 보관함

body
본문

spam[junk] email
스팸 메일

trash, deleted items
휴지통

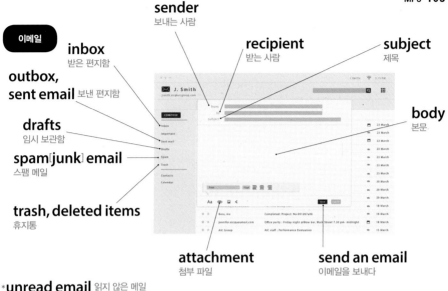

attachment
첨부 파일

send an email
이메일을 보내다

*unread email 읽지 않은 메일
*CC(carbon copy) 참조, 이메일에 참조로 보내다

create an email account 이메일 계정을 만들다
log on[in] to one's email account 이메일 계정에 로그인하다
write an email 이메일을 쓰다
reply to an email 이메일에 답장하다
forward an email 이메일을 전달하다

SENTENCES TO USE

그 사람한테 제목을 안 쓰고 이메일을 보냈지 뭐야.	I sent her an email without a subject.
받은 편지함에 읽지 않은 메일이 50통이 넘어요.	I have over 50 unread mails in my inbox.
부장님을 참조로 해서 메일을 보내세요.	Please send the email CCing the manager.
이메일 계정을 하나 새로 만들었어.	I've created a new email account.
답장해야 할 이메일이 10통이 넘어요.	I have over 10 emails to reply to.
그 이메일을 나한테 좀 전달해 줘.	Please forward the email to me.

소셜미디어, SNS

blog 블로그, 블로그에 게시물을 올리다
blogger 블로거
write[put] a post on a blog 블로그에 게시물을 올리다
blog post, post 블로그 게시물

Twitterer, Tweeter 트위터 사용자
Twitter feed 트위터 피드
tweet 트위터로 메시지를 전달하다, 트위터 메시지

Instagram feed 인스타그램 피드
Instagrammer 인스타그램 사용자
Instagrammable 인스타그램에 올릴 만한

follow somebody on Twitter/Instagram 트위터/인스타그램에서 ~를 팔로우하다
follower 팔로워 / **following** 팔로잉

SENTENCES TO USE

블로그에 글을 안 올린 지 좀 됐어.
It's been a while since I wrote a post on my blog.

이 트위터 게시물 좀 봐.
Look at this tweet.

그 사람 인스타그램 피드 보느라 시간 가는 줄 몰랐네.
I've lost track of time watching his Instagram feed.

그곳은 서울에서 인스타그램에 올릴 만한 10대 지역 중 하나야.
It is one of the 10 most Instagrammable spots in Seoul.

나는 트위터에서 그 작가를 팔로우했어.
I followed the writer on Twitter.

그 가수는 팔로워가 100만 명이 넘는대.
The singer has over a million followers.

have a Facebook account 페이스북 계정이 있다
join Facebook 페이스북에 가입하다
write[put] a post on Facebook 페이스북에 게시물을 올리다

YouTube creator, YouTuber 유튜브 크리에이터, 유튜버
open a YouTube channel 유튜브 채널을 개설하다
upload[post] a video on YouTube 유튜브에 동영상을 올리다
subscribe to a YouTube channel 유튜브 채널을 구독하다
watch[view] a YouTube video 유튜브 동영상을 보다

press "Like"
'좋아요'를 누르다

write a comment
댓글을 달다

block somebody ~를 차단하다
troll 악플을 달다, 악플러

SENTENCES TO USE

페이스북 계정은 있는데 거의 이용 안 해.

I have a Facebook account, but I rarely use it.

고양이 22마리를 키우는 사람의 유튜브 채널을 구독 중이야.

I'm subscribing to the YouTube channel of a person who has 22 cats.

자기 전에 유튜브 동영상을 몇 편씩 보는 게 습관이에요.

It's my habit to watch some YouTube videos before going to bed.

그 사람이 내 게시물에 '좋아요'를 눌렀어.

He pressed "Like" on my post.

나는 댓글을 거의 안 달아.

I hardly write comments.

그 보이밴드는 악플러들을 고소했어요.

The boy band sued trolls.

CHAPTER

15

교육

Education

교육 전반

kindergarten
유치원

elementary school
초등학교

middle school
중학교

high school
고등학교

college
대학(학사 학위까지만 가능), 단과 대학

university
대학교

semester 학기
graduate school 대학원
academy 학원

coeducational, coed 남녀공학의
major 전공, ~을 전공하다(**major in** ~)
cram school 입시 전문 학원

SENTENCES TO USE

제가 어렸을 때는 유치원을 다니는 아이들은 소수였어요.	When I was a kid, only a few children went to kindergarten.
2019년 한국 일반계 고등학교의 대학 진학률은 76.5%였다.	In 2019, the ratio of Korean general high school students going to college was 76.5 percent.
한국에서는 2학기가 8월에 시작됩니다.	In Korea, the second semester starts in August.
내가 다닌 고등학교는 남녀공학이었어.	My high school was coeducational.
저는 대학교에서 심리학을 전공했어요.	I majored in psychology when in university.
많은 수의 중학생들이 영어 학원과 수학 학원을 다닌다.	Many middle school students attend English and math academies.

MP3 **107**

lecture
강의
lecture room 강의실

textbook
교재

diploma
졸업장, 수료증

library
도서관

laboratory
실험실, 실습실, 연습실

dormitory
기숙사

credit 학점
essay 과제물(에세이, 리포트)
midterm exam 중간고사

degree 학위
thesis 논문
final exam 기말고사

SENTENCES TO USE

거기 지원하려면 4년제 대학 졸업장이 필요해.

I need a university diploma to apply for it.

그 학과 학생들은 실험실에서 밤늦게까지 실험과 연구를 해요.

The students of the department experiment and study until late at night in the laboratory.

대학에 가면 기숙사에서 살아 보고 싶다는 로망이 있었어.

I hoped I'd live in a dormitory when I'd go to college.

이번 학기에 몇 학점 수강해?

How many credits are you taking this semester?

주말 동안 리포트 쓰느라 바빴어.

I've been busy writing an essay for the weekend.

다음 주에 우리 기말고사 보잖아.

Next week, we'll take the final exam.

professor
교수

instructor
대학 전임 강사, (특정 기술이나 운동) 강사, 지도자

graduate
대학 졸업자, 졸업자

lifelong learning
평생 학습, 평생 교육

online learning 온라인 학습

freshman (고등학교, 대학교의) 신입생, 1학년
sophomore (고등학교, 대학교의) 2학년생
junior (4년제 대학의) 3학년생
senior (고등학교, 대학교의) 최상급생
undergraduate 대학 학부생
bachelor's degree 학사 학위
master's degree 석사 학위
doctor's degree, doctorate, Ph. D. 박사 학위

SENTENCES TO USE

평생 학습이라는 말도 몰라? 우리는 몇 살에든 배울 수 있는 거야.	Don't you know the word lifelong learning? You can learn at any age.
나는 대학 2학년 때 영문학사를 배웠어.	I learned the history of English literature in my sophomore year.
그 애는 학부생이고 남자친구는 대학원생이야.	She is an undergraduate and her boyfriend is a graduate school student.
교수로 임용되려면 박사 학위가 필요합니다.	You need a doctor's degree to be hired as a professor.

미국, 캐나다, 한국 등의 대학교수 체제

lecturer 시간 강사 〉 instructor 전임 강사 〉 assistant professor 조교수 〉
associate professor 부교수 〉 professor 교수, 정교수(full professor)

attend a class
수업을 듣다, 출석하다

take[sit] an exam[a test]
시험을 보다

pass/fail an exam
시험에 통과하다/떨어지다

graduate from
~를 졸업하다

get a degree
학위를 따다

---

enter ~에 입학하다
enroll in ~ 수강 신청을 하다
take[listen to] a course[class] 강의[수업]를 듣다
earn credits 학점을 따다
get an A A를 받다 / **get a good grade** 좋은 성적을 받다
apply for/get a scholarship 장학금을 신청하다/받다
take a year off (from school) 1년 휴학하다

SENTENCES TO USE

이번 주는 매일 시험을 보고 있어.	I'm taking tests every day this week.
이번 학기에 서양철학사 수강 신청했어.	I enrolled in Western philosophy class this semester.
매주 시 수업을 듣고 있어.	I'm taking a poetry class every week.
졸업하려면 너 이번 학기에 20학점을 따야 해.	You need to earn 20 credits this semester to graduate.
대학교 때 입학금을 제외하고 계속 장학금을 받았어.	In college, I kept getting scholarships except for the admission fee.
대학교 때 1년 휴학했었어요.	I took a year off from college.

UNIT 1

학과목, 전공

중고등학교
art 미술
biology 생물
chemistry 화학
English 영어
ethics 도덕, 윤리
geography 지리
Korean history 한국사
Korean 국어
language arts (원어민들 입장에서 배우는) 국어
math, mathematics 수학
music 음악
PE(physical education) 체육
physics 물리
science 과학
second foreign language 제2외국어
social studies 사회
world history 세계사

대학
aesthetics 미학
applied art 응용미술
architecture 건축학
astronomy 천문학
biology 생물학
business studies, business administration 경영학
ceramics 도자공예
chemical engineering 화학공학
chemistry 화학
communication 언론정보학
composition 작곡
dentistry 치의학
diplomatic science 외교학
drama 연극
early childhood education 유아교육

economics 경제학
education 교육학
electronic engineering 전자공학
English education 영어교육
English language and literature 영어영문학
fashion design 의상디자인
geography 지리학
geology 지질학
history 역사
industrial design 산업디자인, 공업디자인
industrial engineering 산업공학
international relations 국제관계
international trade 무역학
journalism and broadcasting 신문방송학
Korean language and literature 국어국문학
Korean language education 국어교육
Korean literature 국문학
law 법학
math, mathematics 수학
mechanical engineering 기계공학
media and communication 미디어커뮤니케이션학
medicine 의학
microbiology 미생물학
nursing science 간호학
oriental medicine 한의학
oriental painting 동양화
painting 회화
philosophy 철학
physics 물리학
political science 정치학
psychology 심리학
sculpture 조소
sociology 사회학
veterinary medicine 수의학
visual communication design 시각디자인

외국어

speak	**practice**	**be fluent in**	**speak ~ fluently**
(언어를) 하다	(언어를) 연습하다	(언어)에 유창하다	(언어)를 유창하게 하다

go to an English academy[institute]	**learn/practice English conversation**	**bilingual**
영어 학원에 다니다	영어 회화를 배우다/연습하다	두 개 언어를 하는

(언어) is poor 언어를 잘 못하다
be good/poor at ~을 잘하다/잘 못하다
get rusty 녹이 슬다, 서툴러지다
native speaker 원어민
speaking/listening/reading/writing skills 말하기/듣기/읽기/쓰기 실력

SENTENCES TO USE

중국어 할 줄 알아요?	Can you speak Chinese?
그 사람은 영어, 독일어가 유창해.	He is fluent in English and German.
학원에서 일본어 회화를 배웠어요.	I learned Japanese conversation at the academy.
영어를 잘 못해서 죄송해요.	I'm sorry my English is poor.
그 사람 영어 하는 게 완전 원어민 같아.	She speaks English like a native speaker.
영어 작문 실력을 어떻게 향상시킬 수 있을까?	How can I improve my English writing skills?

language barrier
언어 장벽

vocabulary
어휘

grammar
문법

translate 번역하다
translation 번역
translator 번역가

interpret 통역하다
interpretation 통역

interpreter 통역사
simultaneous interpreter
동시 통역사

---

accent 악센트, 말씨
intonation 억양
pronunciation 발음 (**pronounce** 발음하다)

SENTENCES TO USE

그 사람은 영어 어휘가 풍부해.	She has a large vocabulary of English.
난 영어로 의사소통은 할 수 있는데, 문법은 약해요.	I can communicate in English, but my English grammar is weak.
〈기생충〉의 대사를 영어로 번역한 달시 파켓은 영화 평론가이기도 해요.	Darcy Paquet, who translated the lines of *Parasite* into English, is a film critic.
우리 아이는 동시 통역사가 되는 게 꿈이에요.	My child's dream is to become a simultaneous interpreter.
그 사람은 인도 말씨가 섞인 영어를 해.	He speaks English with an Indian accent.
그 단어는 발음이 어려워요.	It's hard to pronounce that word.

CHAPTER

16

세계, 환경

World & Environment

세계, 지구

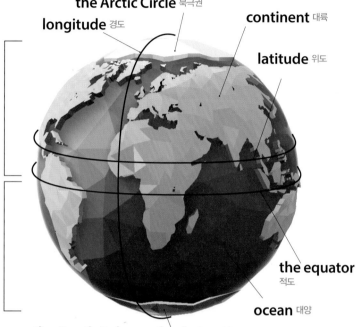

the North Pole 북극 / the Arctic 북극, 북극 지방
the Arctic Circle 북극권

longitude 경도

continent 대륙

latitude 위도

the Northern
Hemisphere
북반구

the Southern
Hemisphere
남반구

the equator
적도

ocean 대양

the South Pole 남극 / the Antarctic 남극, 남극 지방
the Antarctic Circle 남극권 / Antarctica 남극 대륙

(the) Earth, (the) planet earth 지구

SENTENCES TO USE

지구는 태양계에 속한 행성이야.	The Earth is a planet in the solar system.
북극에 처음 도달한 사람은 미국인 탐험가 로버트 피어리야.	The first person to reach the North Pole was American explorer Robert Peary.
아이슬란드는 북극권 바로 남쪽에 위치하고 있어요.	Iceland is located just south of the Arctic Circle.
에콰도르는 적도 위에 있어서 그런 이름을 얻게 되었어.	Ecuador got such a name because it lies on the equator.
독도는 북위 37도, 동경 131.5도에 위치해 있습니다.	Dokdo is located at 37.14 degrees north latitude and 131.5 degrees east longitude.
남반구에서는 크리스마스가 여름이잖아.	They celebrate Christmas during the summer in the Southern Hemisphere.

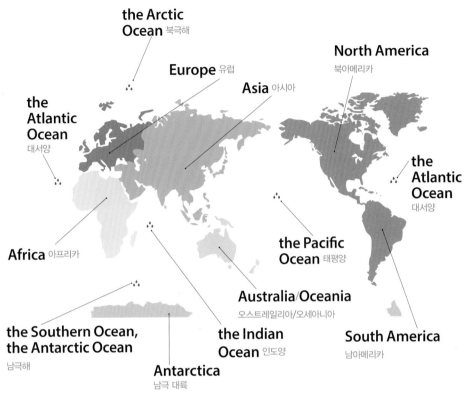

the Arctic Ocean 북극해

Europe 유럽

Asia 아시아

North America 북아메리카

the Atlantic Ocean 대서양

the Atlantic Ocean 대서양

Africa 아프리카

the Pacific Ocean 태평양

Australia/Oceania 오스트레일리아/오세아니아

the Southern Ocean, the Antarctic Ocean 남극해

the Indian Ocean 인도양

South America 남아메리카

Antarctica 남극 대륙

SENTENCES TO USE

제일 넓은 대륙은 아시아이고, 두 번째로 넓은 건 아프리카야.	The largest continent is Asia and the second largest is Africa.
지구에서 가장 넓은 바다는 태평양이야.	The largest ocean on Earth is the Pacific Ocean.
남극해는 남극 대륙을 둘러싸고 있는 바다를 가리킵니다.	The Antarctic Ocean refers to the ocean surrounding Antarctica.

the tropics, tropical region 열대 지방
(≒ low latitudes 저위도 지방)

the subtropics,
subtropical region 아열대 지방

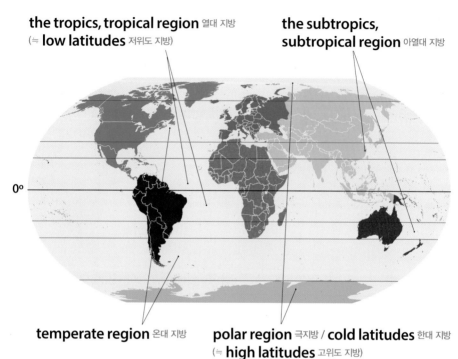

0°

temperate region 온대 지방

polar region 극지방 / cold latitudes 한대 지방
(≒ high latitudes 고위도 지방)

SENTENCES TO USE

인도는 아열대 지방에서 열대 지방에 걸쳐 있어요. India spans from a subtropical region to a tropical region.

우리나라는 온대 지방이라 4계절이 있지. Our country is in the temperate region so it has four seasons.

극지방은 북극과 남극을 둘러싸고 있는 지역이야. The polar regions are the regions that surround the North Pole and South Pole.

Asian
아시아인

North American
북아메리카인, 북미인

Latin American
라틴아메리카인, 남미인

African 아프리카인
African American
미국의 흑인

European
유럽인

Mongoloid
황색인(몽골로이드)

white person, Caucasian
백인

black person
흑인

* **person of color** 유색인

SENTENCES TO USE

내가 묵었던 유스호스텔에는 아시아인 5명, 유럽인 4명, 남미인 3명이 있었어.

There were five Asians, four Europeans and three Latin Americans in the youth hostel where I stayed.

미국의 흑인들은 이제 아프리카계 미국인이라고 불러요.

Black Americans are now called African-Americans.

이누이트 족은 황색 인종에 속해.

Inuits are members of the Mongoloid race.

person of color
황색인이나 흑인 등 유색인을 과거에는 a colored person이라고 불렀지만 거기에는 차별적 의미가 담겨 있어서 이제는 a person of color라고 부릅니다.

271

2 지형, 지리

UNIT

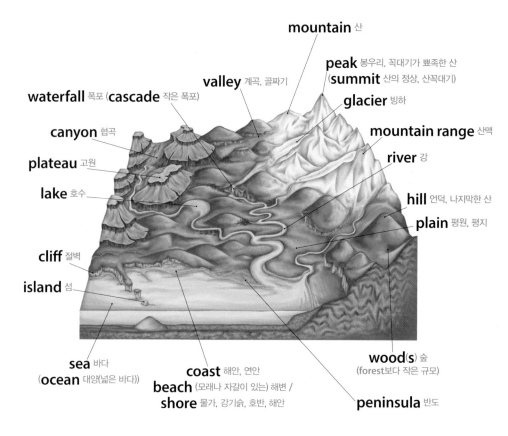

mountain 산

peak 봉우리, 꼭대기가 뾰족한 산
(summit 산의 정상, 산꼭대기)

valley 계곡, 골짜기

glacier 빙하

waterfall 폭포 (cascade 작은 폭포)

mountain range 산맥

canyon 협곡

river 강

plateau 고원

lake 호수

hill 언덕, 나지막한 산

plain 평원, 평지

cliff 절벽

island 섬

wood(s) 숲
(forest보다 작은 규모)

sea 바다
(ocean 대양(넓은 바다))

coast 해안, 연안
beach (모래나 자갈이 있는) 해변 /
shore 물가, 강기슭, 호반, 해안

peninsula 반도

SENTENCES TO USE

전 세계 협곡 가운데 가장 유명한 것은
그랜드캐니언일 거야.

The most famous canyon in the world must be
the Grand Canyon.

나이가 드니까 바다보다 산이 좋네.

As I get older, I like mountains better than the sea.

그 산맥이 중부 지방과 남부 지방의 경계야.

The mountain range borders the central and
southern regions.

지구 온난화로 인해 해마다 많은 빙하가
녹아 없어지고 있어요.

Due to global warming, lots of glaciers are
melting away each year.

우리 집 뒤에 나지막한 산이 하나 있어.

There is a hill behind my house.

싱가포르는 말레이 반도 남단에 위치해 있어요.

Singapore is located at the southern tip of the
Malay Peninsula.

리우데자네이루의 코파카바나 해변은
세계에서 가장 유명한 해변 중 하나지.

Copacabana Beach in Rio de Janeiro is one of the
world's most famous beaches.

썰물 때는 그 섬이 육지와 연결되어서 걸어서
그 섬에 갈 수 있어요.

During the low tide, the island is connected to the
land and you can walk there.

세계에서 가장 넓고 가장 높은 고원은 티베트
고원으로, 흔히 세계의 지붕이라 불리죠.

The largest and highest plateau in the world is
the Tibetan Plateau, often called the roof of the
world.

beach, coast, shore
- beach : 사람들이 해수욕을 가서 놀고 일광욕을 하는 모래나 자갈이 있는 해변, 호숫가
- coast : 바닷가나 그 근처의 땅
- shore : 강, 호수, 바다의 기슭, 물가

273

volcano
화산

cave
동굴

desert **dune**
사막   모래 언덕, 사구

---

forest 숲, 삼림

swamp 늪

pond 연못

field 들판, 밭

wave 파도, 물결

rising tide, high tide, flood tide 밀물, 만조

rain forest 우림

iceberg 빙산

grassland, meadow, pasture 풀밭, 초원

farmland 농지

horizon 수평선, 지평선

jungle 밀림

stream 개울, 시내

countryside 시골, 전원 지대

low tide 썰물

SENTENCES TO USE

백두산은 휴화산이야. 언제든 폭발할 수 있다는 뜻이지.

Mount Baekdu is a dormant volcano. It means it can explode anytime.

세계에서 가장 넓고 뜨거운 사막은 아프리카의 사하라 사막이야.

The largest hot desert in the world is the Sahara in Africa.

아마존 우림은 세계 최대 규모의 열대 우림입니다.

The Amazon rainforest is the largest tropical rainforest in the world.

양떼가 초원에서 풀을 뜯고 있네요.

A flock of sheep is grazing in the meadow.

바람이 별로 없어서 파도가 잔잔해.

Since there's not much wind, the waves are calm.

저 멀리 지평선에 해가 걸려 있네.

There's the sun on the horizon far away.

휴화산, 사화산

- dormant volcano 휴화산 : dormant는 '쉬고 있는, 잠자는'이라는 뜻
- extinct volcano 사화산 : extinct는 '활동을 멈춘, 불이 꺼진, 멸종된'이라는 뜻

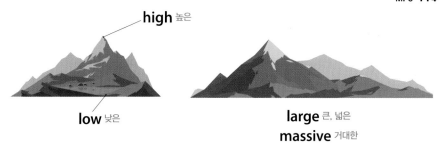

high 높은

low 낮은

large 큰, 넓은
massive 거대한

wide 넓은 　 narrow 좁은

shallow
얕은

deep
깊은

steep 가파른, 비탈진
sharp 가파른, 험준한

vast, extensive 광활한, 광대한

SENTENCES TO USE

카스피해는 세계에서 가장 넓은 호수예요.
The Caspian Sea is the largest lake in the world.

오스트레일리아 중부에 있는 울룰루는 하나의 거대한 바위야.
Uluru, in central Australia, is a massive rock.

세계에서 가장 넓은 강이 아마존 강이야?
Is the Amazon River the widest river in the world?

아이들은 얕은 개울에서 놀고 있어.
The children are playing in a shallow stream.

그는 가파른 암벽을 밧줄 하나를 붙들고 오르고 있었어요.
He was climbing up a steep rock with a rope.

그 집안은 광활한 토지를 보유하고 있었죠.
The family owned a vast tract of land.

3 자연, 물질

nature 자연 (**Mother Nature** 대자연)　　**ecosystem** 생태계
creature 생물, 생명체　　　　　　　**organism** 유기체, (작은) 생물
microorganism 미생물　　**plant** 식물　　**animal** 동물

동물

mammal
포유류

bird
조류

amphibian
양서류

reptile
파충류

fish
어류

insect, bug
곤충

SENTENCES TO USE

그것은 생태계의 질서를 파괴하는 일입니다.	It is to destroy the order of the ecosystem.
최초로 미생물을 연구한 사람은 17세기의 안톤 판 레이우엔훅으로 알려져 있어요.	The first person to study microorganisms is known as Anton van Leeuwenhoek in the 17th century.
사자와 호랑이는 야행성 동물이야.	Lions and tigers are nocturnal animals.
고래는 바다에 살지만 포유류야.	Whales live in the sea, but they are mammals.
개구리는 양서류야 파충류야?	Are frogs amphibians or reptiles?
곤충이 지구상 동물의 90퍼센트 이상을 차지해요.	Insects make up more than 90 percent of animals on Earth.

oxygen
산소

hydrogen
수소

carbon
탄소

nitrogen
질소

carbon dioxide (CO_2)
이산화탄소

ozone layer
오존층

atmosphere
지구의 대기

EARTH

ultraviolet rays [light]
자외선

infrared rays [light]
적외선

gas
기체

liquid
액체

solid
고체

rock
암석, 바위, 돌멩이

stone
돌, 돌멩이

pebble
조약돌, 자갈

* **sand** 모래
* **mud** 진흙

* **soil** 흙, 토양
* **mineral** 광물

SENTENCES TO USE

물은 수소와 산소로 이루어져 있잖아. — Water is composed of hydrogen and oxygen.

이산화탄소는 온실 효과의 주범으로 여겨져요. — Carbon dioxide is considered the main cause of the greenhouse effect.

오존층이 파괴되는 것을 막아야 합니다. — The ozone layer should be prevented from being destroyed.

지구의 대기는 질소와 산소가 99퍼센트를 차지해요. — Nitrogen and oxygen make up 99 percent of the Earth's atmosphere.

자외선은 피부의 적이야. — Ultraviolet rays are the enemy of the skin.

물은 기체, 액체, 고체 상태로 존재하죠. — Water exists in gas, liquid, and solid states.

환경 문제

environmental protection 환경 보호
environmental problem 환경 문제
environmental pollution 환경 오염
environmentalist, environmental activist 환경 운동가

global warming 지구 온난화
greenhouse gas 온실가스
greenhouse effect 온실 효과

**environment-friendly,
eco-friendly**
친환경적인

climate change
기후 변화

fossil fuel
화석 연료

SENTENCES TO USE

환경 오염은 인류 모두에게 심각한 문제죠.	Environmental pollution is a serious problem for all mankind.
앨 고어 전 미국 부통령은 환경 운동가로 활동하고 있어요.	Former U.S. Vice President Al Gore is an environmentalist.
환경 파괴로 지구 평균 온도가 높아지는 것이 지구 온난화예요.	Global warming is the rise of the average global temperature due to environmental destruction.
대기를 오염시켜 온실 효과를 일으키는 기체를 온실가스라고 불러.	Gases that pollute the atmosphere and cause a greenhouse effect are called greenhouse gases.
친환경적인 삶의 방식에 대해 고민해야 해.	We have to think about the eco-friendly way of life.
석탄, 석유, 천연가스 등 화석 연료의 사용이 대기 오염을 일으켰어요.	The use of fossil fuels such as coal, oil and natural gas has caused air pollution.

green energy 녹색[그린] 에너지
renewable energy 재생 에너지
alternative energy 대체 에너지

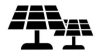

solar energy, solar power 태양 에너지
solar panel 태양 전지판
solar power generation 태양열 발전

wind power
풍력 에너지

wind farm
풍력 발전 지역

forest conservation
삼림 보호

forest destruction
삼림 파괴

recycle
재활용하다

*__geothermal energy__ 지열 에너지

SENTENCES TO USE

환경 보호를 위해 녹색 에너지를 개발하고 이용해야 합니다.
We need to develop and use green energy to protect the environment.

그 아파트에는 태양 전지판이 달려 있어.
The apartment has solar panels.

지열 에너지는 지하수나 지하의 열을 이용한 에너지예요.
Geothermal energy is energy using groundwater or underground heat.

green energy, renewable energy, alternative energy
이 세 가지 말은 거의 같은 의미로 쓰입니다. 모두 다 환경 파괴를 가져온 기존의 화석 연료 에너지를 대체할 친환경적이고 재생이 가능한 에너지를 가리킵니다.
대표적인 것으로 태양광 에너지, 태양열 에너지, 풍력 에너지, 지열 에너지, 수력 에너지, 수열 에너지, 해양 에너지(조류, 파랑), 바이오 에너지, 수소 에너지, 연료 전지, 석탄을 액화·가스화한 에너지 등이 있습니다.
아울러 신재생 에너지라는 말도 있는데, 이는 '신에너지(new energy, advanced energy)'와 '재생 에너지(renewable energy)'를 합쳐 부르는 말입니다.

INDEX 색인 찾아보기

291